CB079433

COMO INVESTIR EM STARTUPS

CARO(A) LEITOR(A),

Queremos saber sua opinião sobre nossos livros.

Após a leitura, siga-nos no linkedin.com/company/editora-gente, no TikTok @editoragente e no Instagram @editoragente e visite-nos no site www.editoragente.com.br. Cadastre-se e contribua com sugestões, críticas ou elogios.

GUILHERME ENCK

PREFÁCIO DE **MAURICIO BENVENUTTI**

COMO INVESTIR EM STARTUPS

DA TEORIA À PRÁTICA – UM MANUAL COMPLETO PARA COMEÇAR COM SEGURANÇA

Gente editora

Diretora
Rosely Boschini
Diretora Editorial
Joyce Moysés
Editora
Juliana Fortunato
Assistente Editorial
Camila Gabarrão
Produção Gráfica
Leandro Kulaif
Preparação
Débora Spanamberg Wink
Capa
Plinio Ricca
Projeto Gráfico
Marcia Matos
Diagramação
Juliana Ida
Revisão
Marina Silva Ruivo
Bianca Maria Moreira
Impressão
Grafilar

R. Dep. Lacerda Franco, 300 – Pinheiros
São Paulo, SP – CEP 05418-000
Telefone: (11) 3670-2500
Site: www.editoragente.com.br
E-mail: gente@editoragente.com.br

Dados Internacionais de Catalogação na Publicação (CIP)
Angélica Ilacqua CRB-8/7057

Enck, Guilherme
Como investir em startups: da teoria à prática: um manual completo para começar com segurança / Guilherme Enck. - São Paulo: Editora Gente, 2025.
160 p.

Bibliografia
ISBN 978-65-5544-635-7

1. Finanças pessoais 2. Investimentos I. Título

25-3078 CDD 332.024

Índices para catálogo sistemático:
1. Finanças pessoais

NOTA DA PUBLISHER

Há algo de inquietante em perceber que o que sempre funcionou... deixou de funcionar. Estratégias antes consideradas seguras no mercado de investimentos já não entregam os mesmos resultados, e a confiança dos investidores nas fórmulas tradicionais tem sumido em meio a um cenário econômico global instável e saturado de incertezas. Não é de se admirar que tantos estejam à procura de novas alternativas. Mas o que pouca gente entende, de fato, é que o problema não está só nos produtos ou ativos financeiros, está no paradigma. O mundo mudou, e isso exige uma nova maneira de pensar investimentos, risco e retorno. Não basta diversificar, é preciso aprender a jogar outro jogo.

Foi nesse contexto de ruptura e busca por alternativas que nos deparamos com este projeto, um livro que nasce da prática e que preenche, com profundidade e responsabilidade, uma lacuna atual do mercado brasileiro. Guilherme Enck apresenta aqui, com clareza e autoridade, um caminho para quem deseja participar ativamente da Nova Economia: o investimento em startups. Não é uma aposta especulativa, é uma estratégia consistente de diversificação e construção de patrimônio material e intelectual. Ele entrega um manual robusto, realista e didático, feito para o investidor brasileiro, dentro da nossa realidade.

A decisão de apostar neste projeto editorial foi imediata. Guilherme foi fundador da maior plataforma de investimento em startups do Brasil, treinou milhares de investidores, avaliou centenas de negócios e, mais importante, decidiu se dedicar integralmente à missão de tornar esse mercado acessível para todos. É alguém com muita bagagem técnica e capacidade de comunicação, disposto a ensinar sem fórmulas mágicas ou promessas ilusórias, e sim com método, critério e visão de futuro.

Quem aceitar esse desafio não vai aprender a investir, vai mudar o que pensa sobre o dinheiro, sobre o papel que deseja ocupar na sociedade e sobre como contribuir para o futuro da economia brasileira. Vai aprender a tomar decisões estratégicas, identificar boas oportunidades, reduzir riscos e, sobretudo, se conectar com o que há de mais inovador e transformador no mundo dos negócios. É uma leitura que oferece preparo, assim como coragem. Afinal, participar da Nova Economia não é um luxo reservado a poucos, é uma possibilidade real para quem está pronto para aprender e agir.

Boa leitura — e bons investimentos!

ROSELY BOSCHINI

CEO e Publisher da Editora Gente

Para Avelino Nardino (1926-2025), o meu grande herói
e modelo de homem, que por muito pouco não
viu o neto publicar o primeiro livro.

AGRADECIMENTOS

À minha amada Leticia, a maior incentivadora de tudo o que me faz bem, guardiã incansável dos meus sonhos. As palavras de incentivo que me oferece, sempre refletindo uma fé inabalável no meu potencial, são o meu porto seguro nos momentos de dúvida. O amor que dela recebo todos os dias é o meu maior combustível.

Aos meus queridos pais e irmã. A maneira como vivenciam as minhas batalhas e celebram as minhas vitórias como se fossem deles mesmos me emociona profundamente. É um privilégio ter tido, desde criança, esse sentimento de suporte incondicional.

Aos meus queridos avós, Avelino, Diva, Gernô e Neide (*in memoriam*). O sentimento de ser cuidado e amado por eles permanece.

Aos meus sogros, Eriete e Roberto, que, além do carinho digno de pais que me conferem, foram sempre compreensivos quando precisei dedicar horas à escrita durante as visitas que fizemos a eles em Nova Pádua (RS).

Aos meus fiéis companheiros caninos, Yoda e Oreo, que estiveram afetuosamente ao meu lado, literal e figurativamente, em todos os momentos enquanto eu escrevia.

Ao querido amigo Mauricio Benvenutti, cuja trajetória tanto admiro e que gentilmente aceitou o meu convite para escrever o prefácio desta obra. Foi o Mau que deu o incentivo que faltava para eu tomar a decisão de escrever este livro, e que fez a conexão com a Editora Gente, pavimentando o caminho para esta publicação.

Aos empreendedores mais f**** do mundo, dos quais tenho a honra de ser sócio: Victor Picolli, Gabriel Marantes, Fabrício Maia Leite, Serginho Finger, Rafael Dutra, Thiago Marcon, Cadu Moretti, Francisco Mattos e Felipe Russowsky. Além de sócios, são grandes amigos pelos quais tenho muito carinho e admiração.

Aos meus amigos *venture capitalists*, sobretudo Gustavo Piccinini, Marcos Magnus de Souza, Mateus Dinon, José Augusto Albino, Leandro

Pereira, Eduardo Sperling e Gustavo Cavenaghi, com os quais muito aprendo sobre o mercado a cada café ou cerveja.

Aos meus amigos empreendedores: Renan Vargas, Lucas Cunha, Ricardo Peruffo, Rafael Weber, Rudá Pellini, Renato Ferraz, Danillo Branco, Ramiro Martini, Ricardo Geromel, Diego Magnus, Ramiro Gomes Ferreira, Raphaël Lima e Rodrigo Fernandes. Alguns deles são influências silenciosas e nem sequer sabem o impacto poderoso que certas palavras e insights causaram em mim. Agradeço todas as trocas de ideias, os ensinamentos e as boas risadas.

A William Ling, a quem serei para sempre grato por ter me colocado no caminho intelectual que esculpiu a minha visão de mundo e a minha filosofia de vida.

Ao amigo Greg Schneider, advogado dos bons, que, além de grande companheiro de trincheira durante os anos da Captable, revisou o capítulo de cuidados jurídicos presente nesta obra.

Aos antigos sócios e conselheiros da Captable, Eduardo Glitz, Marcelo Maisonnave, Mateus Schaumlöffel e Pedro Englert, por todos os momentos de puxão de orelha, provocações e aprendizados. Aos sócios da StartSe, cujo apoio foi essencial, nas pessoas do Junior Borneli, do Piero Franceschi, da Thais Aquino e do Cristiano Kruel.

Ao querido Guga, eterno amigo-irmão, que tanto vibrava a cada conquista minha. Ele nos deixou cedo demais, e eu para sempre sentirei essa saudade dolorosa. Aos extraordinários membros do grupo fundado por ele e que hoje leva o seu nome: a Confraria Gustavo Ferrarin – André Malcon, Antoni Zamboni, Guilherme Zanchi, Rodrigo Paim e Sergio Morganti – verdadeiros companheiros de jornada que me sustentam nos momentos mais desafiadores. Eles acompanharam passo a passo a confecção deste livro, inclusive colaborando com sugestões. Estendo os agradecimentos a toda a muito querida e companheira família Ferrarin.

Aos queridos Eduardo Halperin, André Zimerman (representando toda a querida família), Eduardo Couto, Eduardo Bugs, Bruno Ruschel, Marcelo Rodrigues, Frederico Cosentino, Tárik Hadi, Roberto Zanchi, Eduardo Ribeiro, André Strauss e Martin Azevedo, amigos leais de quem recebi todo apoio e torcida nesta empreitada.

Aos irmãos de coração e grandes companheiros de quinze anos de estrada musical com a banda Mind the Gap: Alexandre, Tomás e Thiago. Uma banda, afinal, também é uma iniciativa empreendedora.

À turma do Tapa da Mão Invisível: Carlos Molinari, Fabio Ostermann, Felipe Camozzato, Gabriel Torres, Julio dos Santos, Mateus Galli, Paulo Fuchs e Rafael Abreu. Os nossos vínculos de cumplicidade e admiração ultrapassam a mera afinidade de ideias.

Ao Diego Barreto: foi a leitura de *A nova economia* a faísca que deu origem à ideia de escrever um livro (ele não sabe disso). Ao Ricardo Natali, dono do canal Lucro FC e autor do livro de mesmo nome. Os conselhos do Ricardo foram essenciais para a minha decisão de encarar este projeto.

Aos meus brilhantes primos Bruno e Pedro: a nossa troca de ideias nos almoços semanais é fonte de instigantes provocações intelectuais que ajudam a manter o cérebro em forma. Ao meu querido primo Daniel, à nossa profunda sintonia e à certeza de que você é alguém com quem sempre poderei contar.

À Vera, que, como faz desde os meus 3 anos, seguiu me cuidando e me alimentando durante a escrita deste livro com as saborosíssimas comidinhas caseiras que prepara.

Às minhas editoras, Juliana e Carol, que me orientaram ao longo de todo o processo, sempre de maneira cordial, amigável e profissional. Sou profundamente grato pela parceria harmoniosa que construímos, pelas sugestões precisas, pelos questionamentos pertinentes e pelo entusiasmo genuíno que demonstraram em cada etapa do projeto.

A Ludwig van Beethoven e às suas 32 sonatas para piano, que foram companhia frequente durante os momentos de escrita. O contato com tamanha virtude me trouxe, com recorrência, um útil constrangimento nos momentos em que a fadiga tentou me persuadir a flexibilizar o meu grau de exigência com o texto.

Por fim, agradeço a você, leitor, por ter me dado a chance de tentar ajudá-lo a evoluir patrimonial e intelectualmente.

SUMÁRIO

PREFÁCIO

Vivemos um momento em que o futuro é construído todas as semanas e, boa parte das vezes, em rodadas de investimento. A cada nova startup que cruza nosso caminho, surge uma possibilidade real de transformar setores inteiros. É essa energia de inovação que me fascina, e é exatamente essa força que *Como investir em startups* traduz em cada página.

Conheço o Guilherme de longa data, e acompanhei a jornada dele como investidor-anjo, mentor e educador. Sei da dedicação dele para tornar acessível a arte de investir em empreendimentos inovadores, sem glamour forçado. O que ele entrega aqui é estratégia real: insights, ferramentas e pé no chão, porque, como ele costuma dizer, "não se trata de sorte, e sim de método".

Guilherme vai guiar você por essa dinâmica com clareza, explicando como identificar oportunidades, estruturar uma tese de investimento e minimizar riscos. E tudo isso sem enrolação. É o tipo de livro que faz você repensar onde guarda seu dinheiro e com quem você se conecta.

Quando comecei na StartSe e mergulhei no universo de investidores e inovadores, vi muita gente se sentindo de fora, achando que esse mundo é só para fundos gigantes ou especialistas do Vale do Silício. Este livro é a prova viva de que não é. Ele mostra que, com critério, conhecimento e vontade, você pode entrar nesse jogo e, de verdade, fazer a diferença.

Ótimas ideias são só o começo. O que importa é saber onde investir nelas. E, aqui, Guilherme dá este mapa de maneira simples, eficaz e inspiradora.

Seja bem-vindo ao futuro que você escolhe construir.

MAURICIO BENVENUTTI

Sócio da StartSe, autor de *Audaz (2018)*, *Incansáveis (2016)* e *Desobedeça (2021)*

INTRODUÇÃO

Eu vou confessar algo, mas preciso que você prometa não contar para ninguém. Quando a Captable foi fundada, o meu conhecimento sobre investimentos em startups e sobre a lógica do mercado de venture capital estava muito distante do nível de preparo que se esperaria de alguém que lidera uma iniciativa empreendedora no setor. Em minha defesa, o ecossistema de inovação brasileiro era ainda muito pequeno, e eu era apenas um entre vários empreendedores aprendendo ao longo do percurso.

As palavras e expressões com destaque ao longo do texto estão no glossário, no fim do livro, para a consulta de significado.

Por conta disso, na ocasião, busquei um conteúdo completo, que pudesse satisfazer uma parte razoável da minha curva de aprendizado sobre o tema; no entanto, os poucos materiais que encontrei haviam sido escritos para o contexto de outros países. Por mais que muitos dos princípios de funcionamento do mercado sejam similares, tão fundamentais e numerosas são as diferenças culturais, econômicas, jurídicas e sociais do nosso país que qualquer tentativa de treinar um investidor de maneira alheia ao contexto local significaria não apenas comprometer o potencial de resultado, mas também submetê-lo a riscos indesejáveis e desnecessários. Foi nesse cenário que percebi uma lacuna séria: o investidor comum brasileiro, mesmo com vontade de aprender, não encontrava um guia claro, acessível e confiável sobre como entrar no mercado de startups – um campo promissor, mas ainda cercado por barreiras técnicas, jargões e riscos mal explicados.

Dada a demanda técnica que se imporia à minha prática diária de gestor de uma plataforma de investimentos em startups, me vi diante da necessidade de mergulhar intensa e profundamente nos estudos. Como não havia encontrado o tão desejado compêndio, o meu treinamento foi feito de modo desestruturado: fui construindo o meu próprio arcabouço técnico, agregando informações de fontes esparsas e consolidando-as com a experiência prática do meu dia a dia no mercado. Com o tempo, esse conhecimento informal ganhou estrutura, e passei a sistematizar aprendizados e a compartilhá-los com colegas investidores – até perceber que esse conteúdo podia ajudar muito mais gente.

Para não incorrer no pecado da autodepreciação (ou da falsa modéstia), devo revelar que o meu ponto de partida foi bastante privilegiado. Eu havia tido uma longa experiência com investimentos no mercado financeiro tradicional, iniciada de modo precoce aos 14 anos, quando, por influência do meu pai, um exímio homem de negócios, comecei a estudar o mercado de capitais e a operar ações e derivativos. A minha estreia não foi necessariamente promissora: as primeiras companhias que compuseram o meu portfólio foram Aracruz, de celulose, e Sadia, do setor de alimentos. Ambas, alguns anos depois, foram vítimas da crise de 2008 por conta da mesma irresponsável prática de alavancagem financeira por meio de derivativos cambiais, e isso gerou as minhas primeiras perdas – mas nada que demovesse um jovem ambicioso e entusiasmado com o mundo de novidades às quais estava sendo submetido. Com o tempo, com o aprendizado e com a prática, o interesse pelo mercado financeiro se consolidou, e – em que pese a minha formação de engenheiro – ficou claro que seria naquele setor que eu desenvolveria a minha carreira.

Se a prática de investidor agregou ao meu conhecimento, também tive a oportunidade de me aprimorar atuando do outro lado do balcão, do lado de quem estrutura ativos para posteriormente serem distribuídos ao mercado financeiro. Fiz parte da Magnólia Partners, um escritório de fusões e aquisições (Mergers and Acquisitions – M&A), onde assessorei empresas em eventos estratégicos como venda da companhia, captação de recursos, reestruturação de dívidas, ofertas públicas e outras operações análogas. Ainda que atendêssemos apenas a grandes *players* (na maioria, empresas com faturamento anual entre 50 milhões e 1 bilhão de reais), víamos muitas oportunidades de auxiliar empresas menores nos processos de captação de recursos. Fizemos a nossa tentativa criando a Deal, uma startup que automatizaria as etapas do processo para torná-lo acessível também a esses pequenos negócios. Foi através desse projeto que começamos a atender pequenas empresas de tecnologia em busca de rodadas de investimento.

Infelizmente, como é corriqueiro no mundo das startups, não encontramos um modelo de negócios efetivo e monetizável para a Deal, então resolvemos interromper a operação. Mesmo diante do insucesso, ter empreendido com a Deal foi uma jornada muito enriquecedora, pois me aprofundei de maneira intensa em análise de negócios, direito societário, estruturação de operações societárias, captação de recursos, bem como na dinâmica do mercado de *private equity* e venture capital. Foram essas experiências e aprendizados que, após declarar a Deal encerrada, transportei para uma nova empresa que eu estava fundando junto a um sócio: a Captable – aquela que citei lá no primeiro parágrafo.

Durante décadas, o mercado de venture capital esteve majoritariamente restrito a grandes fundos, gestoras e investidores profissionais. O nosso objetivo ao criar a Captable era quebrar essa barreira e deixar essa classe de ativos ao alcance do pequeno poupador. Para tal, criamos uma plataforma por meio da qual qualquer pessoa poderia investir valores a partir de mil reais em startups pré-selecionadas, em um processo 100% on-line e sem burocracia. Coincidentemente, tínhamos, de certo modo, finalmente chegado a um modelo escalável para endereçar a mesma proposta de valor da Deal.

O propósito de conectar e democratizar esse mercado acabou chamando a atenção de um grande player, uma empresa de educação para a inovação chamada StartSe, que se tornou nossa sócia logo no início e ajudou a Captable a escalar.

Entre 2018 e 2023, captamos mais de 100 milhões de reais para cerca de sessenta startups e nos posicionamos como líderes do mercado. Da nossa base de 7.500 investidores ativos, mais de 95% estavam investindo em startups pela primeira vez. Entendendo a responsabilidade que carregávamos por sermos a porta de entrada para esse mundo, assumimos a missão de treinar e aculturar todos os interessados em se tornar investidores da Nova Economia.* Por isso, desde muito cedo na trajetória da Captable, criamos a

* A Nova Economia é um modelo econômico emergente baseado em inovação tecnológica, digitalização e agilidade organizacional, em contraste com os modelos tradicionais

área educacional, passamos a interagir e a educar o mercado com conteúdo e assim conquistamos uma posição de autoridade no assunto.

Isso tudo se tornou uma fonte imensa de realização pessoal, quando descobri o grande deleite de ensinar pessoas, vê-las crescer intelectualmente e obter sucesso a partir dos aprendizados compartilhados. Foram muitos cursos ministrados, artigos escritos, podcasts e vídeos gravados, entrevistas, palestras, lives e todo tipo de conteúdo pelo qual fui responsável. Afirmo com segurança que fui uma das pessoas que mais dedicaram tempo e energia a ensinar investidores comuns a participarem do mundo das startups no Brasil.

No fim de 2023, fiz a minha saída, vendendo as ações da Captable e encerrando esse ciclo, para me dedicar exclusivamente à atividade de investidor-anjo, a qual eu já vinha exercendo há alguns anos em paralelo à minha atuação na empresa, e montei um pequeno portfólio de investimentos em iniciativas lideradas por empreendedores que admiro.

Após eu mesmo ter tido a experiência de construir uma startup (depois de ter quebrado outra), vivido diariamente o mercado de venture capital ao longo de vários anos, feito a avaliação técnica de centenas de startups, mentorado dezenas outras de modo recorrente, investido em algumas e, sobretudo, treinado um número respeitável de novos investidores, percebi que estava ao meu alcance consolidar toda essa gama de aprendizados e elaborar o material completo de que senti falta quando comecei. E foi assim que, após uma conversa com o querido amigo Mauricio Benvenutti, nasceu este livro.

O projeto começou com uma grande ambição: ser o ponto de inflexão para que você inicie uma jornada transformadora. Eu não estou exagerando. Investir em startups é muito mais do que fazer pequenas alocações para diversificação de portfólio. Ao deixar a posição de mero espectador e se tornar parte da Nova Economia, alocando o seu capital e o seu tempo em companhias que são nativas às novas formas de construir e gerir negócios, você muda de patamar.

---

da Velha Economia, que eram centrados em setores como indústria pesada, petróleo, varejo tradicional e manufatura.

Provavelmente você tenha tomado a difícil, mas importante, decisão de abandonar uma antiga zona de conforto porque se recusa a permanecer alheio a todas as novas tecnologias, aos novos métodos de gestão, às estratégias de crescimento, às técnicas de vendas, aos sistemas, às ferramentas e a todos os demais aspectos que tornam essas empresas mais ágeis, mais eficientes, mais baratas e com potencial de impacto infinitamente maior do que a média das empresas da economia tradicional.

Estou certo de que você percebeu que acompanhar o seu influenciador digital preferido não vai lhe entregar a velocidade ou a profundidade de aprendizado de que você precisa, então escolheu mergulhar de vez na interação direta com esses empreendedores – com o necessário e poderoso *skin in the game*. Ainda que eu tenha um longo e intenso histórico no mercado de startups e agora carregue conhecimentos e experiências abrangentes, não paro de me impressionar com o quanto aprendo com os empreendedores e com as companhias em que invisto e com as quais interajo com frequência.

Além de potencializar as suas habilidades e os seus conhecimentos, é fato que estamos certamente buscando retornos financeiros. É desnecessário dizer que eles existem e são abundantes nesse mercado. Porém, estabeleço aqui um compromisso: não vou prometer ganhos fáceis, tampouco vou buscar capturar a sua atenção mostrando os retornos passados de quem investiu nos unicórnios brasileiros, como vejo ser o expediente de muitos. Se você está buscando uma maneira de ficar rico rápido, este livro definitivamente não é para você. É verdade que existem startups que enriqueceram os investidores, mas o outro lado dessa moeda é o alto risco associado, sobretudo para quem está investindo sem estratégia e sem tomar os cuidados adequados. O meu papel aqui consiste, portanto, em ensinar você a ganhar dinheiro, mas de maneira sóbria, cuidadosa, consistente e adaptada à natureza de longo prazo dessa classe de ativos.

Por esse motivo, começaremos com uma breve contextualização do mercado, entendendo como se desenvolveu o venture capital brasileiro e qual é a relação dele com o mercado financeiro de modo geral. Na sequência, vamos abordar o mecanismo de funcionamento das startups: a lógica de crescimento, as séries de captação e os tipos de investidores que participam de cada uma delas. A partir disso, você já vai se sentir em casa, e o dialeto próprio desse mercado não vai mais ser assustador.

Em seguida, partiremos para a prática, com um passo a passo rumo ao investimento. Nele, você vai aprender a montar a sua estratégia e a sua tese de investimentos, além de entender onde e como buscar as melhores startups. Entraremos a fundo nos aspectos e critérios que fazem parte do processo de análise e de precificação de uma startup, para compreender a metodologia mais eficiente para fazer o valuation. Vou lhe entregar ainda um framework* para que você faça as próprias análises de maneira robusta e precisa.

A seguir, entraremos no inevitável momento de abordar os principais cuidados jurídicos que um bom investidor deve levar em consideração. Devo tranquilizá-lo de antemão: essa parte não foi escrita por advogados.

Com a startup escolhida e o investimento feito, chegará a hora de usufruir do posto de investidor de startups. Finalizaremos o livro abordando como fazer a gestão do seu portfólio, a sua interação com o empreendedor, a dinâmica de prestação de contas e os eventos-chave da trajetória das suas companhias.

Pode parecer bastante coisa, mas fique tranquilo, porque vou lhe entregar todos os conceitos bem detalhados. Em respeito ao seu valioso tempo, fiz um esforço descomunal para que esta leitura realmente valha a pena e gere os resultados que você espera.

Considerando a grande quantidade de termos técnicos e anglicismos presentes nesse mercado, preparei um glossário de termos para você consultar. Você o encontrará nas páginas finais deste livro. Caso queira usá-lo posteriormente como ferramenta no seu dia a dia de investidor, você também poderá baixá-lo em formato PDF no meu site (guilhermeenck.com.br/recursos) ou por meio do QR Code nas páginas finais deste livro. Além disso, estará no site, à sua disposição, uma série de materiais, modelos e

* Um framework é uma estrutura predefinida que serve como base para resolver um problema, organizar ideias ou desenvolver algo com mais eficiência e consistência. É como um guia ou modelo que ajuda a trabalhar de modo mais estruturado, seja em programação, negócios, design ou tomada de decisões.

documentos que servirão de apoio na sua trajetória. Destacarei sempre que houver lá um material complementar para consulta.

Você está diante do mais completo material sobre investimentos em startups já publicado no Brasil, e chegará ao fim desta leitura com um método robusto, prático e facilmente aplicável para se tornar um investidor, montar o seu portfólio de participações e usufruir de todo o pacote de benefícios de alguém que constrói o futuro junto aos empreendedores mais criativos e inovadores do nosso país.

Você está prestes a entrar de cabeça no mundo onde roupas sociais são substituídas por tênis e camiseta, onde burocracia e processos rígidos são trocados por agilidade e liberdade criativa, onde a tradição dá lugar à inovação, onde as distribuições gaussianas são substituídas pela lei de potência e onde o pensamento linear é permutado pela lógica exponencial – como você entenderá melhor no Capítulo 6. O importante é que você saiba que o que verá aqui é uma mudança não apenas mercadológica, mas também – e ainda mais intensamente – de lógica e de mentalidade.

É preciso ter coragem e humildade para se colocar na posição de revisar conceitos e, em muitos aspectos, começar de novo a partir de uma nova perspectiva. Não há maneira mais eficaz de estar conectado à nova dinâmica do mundo dos negócios do que se tornar sócio dessas empresas, sair da arquibancada, vestir o uniforme e se tornar parte do processo. Afinal de contas, estamos observando as grandes transformações pelas quais o mundo está passando, e seria inimaginável você ficar de fora. A satisfação e a realização que participar da Nova Economia pode proporcionar são verdadeiramente incríveis, e sinto um prazer imenso pela possibilidade de ajudar você a dar esse grandioso passo.

É importante que você saiba que, ao comprar este livro, já está, de certa maneira, colaborando com o futuro do mundo. Fiz o compromisso de doar integralmente os valores recebidos como direitos autorais à Fundação Tênis. É uma organização sem fins lucrativos que tem demonstrado índices de efetividade surpreendentes ao fazer um trabalho belíssimo, transformando o destino de crianças e jovens em situação de vulnerabilidade por meio de uma formação completa, que vai desde a construção de valores pessoais e sociais pelo esporte até treinamento profissionalizante e parcerias com empresas.

Eu me chamo Guilherme Enck, e é um prazer conhecer você. Para não negar as origens, sou apreciador de um bom churrasco e de um chimarrão quentinho, o qual, inclusive, de tanto ter me acompanhado na escrita desta obra, poderia sem injustiça ser citado como coautor. Conforme comentei, toda a minha carreira até aqui esteve ligada ao mercado financeiro e, de todas as áreas do mercado com as quais já tive algum contato, o venture capital é certamente a mais fascinante. Nos últimos anos, participei da análise de centenas de startups e vi de perto o que diferencia bons investimentos de apostas arriscadas. Agora chegou a sua vez.

Está pronto para investir nas empresas que vão moldar o futuro do Brasil e do mundo? Desejo uma ótima leitura e bons investimentos.

GUILHERME ENCK

CAPÍTULO 1

UM NOVO PANORAMA

Considero a ambição financeira uma virtude, e fico verdadeiramente entusiasmado quando encontro pessoas com o desejo explícito de progredir materialmente. Sei que estou na contramão da cultura brasileira e do único esporte nacional maior que o futebol, que é condenar o sucesso alheio e considerar o enriquecimento algo quase imoral. Nem sempre é fácil falar de ambição financeira por aqui, já que muitas vezes quem busca crescer é julgado ou incompreendido. Entretanto, é por meio da construção de patrimônio que um indivíduo se habilita a perseguir os próprios objetivos e sonhos, apoiar a família e a comunidade e viver de acordo com o modo como encontra a felicidade.

Quando investimos dinheiro, estamos, em última instância, provendo capital para que outros indivíduos e empresas possam expandir produtividade, inovar e gerar mais valor para a sociedade – salvo situações em que estamos meramente financiando o consumo de terceiros. Esse processo não apenas beneficia o investidor, que busca retornos financeiros, mas também impulsiona o crescimento econômico e a criação de soluções que aumentam o bem-estar de uma sociedade.

Perceba, portanto, todo o benefício social que você origina ao poupar e investir. Você se torna uma espécie de herói brasileiro, e deveria ser tratado como tal. Essa vida, entretanto, está cada vez mais difícil: justo quando havia chegado a nossa vez de usufruir do mercado, ele está reconfigurando o próprio funcionamento – e não é a nosso favor.

O mundo está passando por uma transformação econômica sem precedentes, na qual estratégias de investimento que funcionaram por décadas perderam a eficácia relativa. Qualquer investidor que buscar replicar abordagens consagradas, como a de John Bogle (com fundos indexados), de

Warren Buffett (com o *value investing*) ou de Peter Lynch (e as empresas de alto crescimento), tem alta probabilidade de se ver frustrado com os resultados.

A partir do fim da Segunda Guerra Mundial, a economia global foi marcada por expansão contínua, produtividade crescente e integração global, o que elevou a produtividade e transformou o nível de riqueza do planeta. Investidores das mais variadas estratégias obtiveram excelentes resultados com esse vento a favor. Entretanto, em um movimento agravado pela crise do subprime (2008)[1] e, posteriormente, pela pandemia de covid-19 (2020),[2] foi criado um novo paradigma global: os mercados foram inundados com a impressão de dinheiro visando estimular a economia, tendências protecionistas e de reversão da globalização e uma forte polarização ideológica, cujos inevitáveis resultados são o crescimento errante, a inflação persistente, os perigosos embates geopolíticos – sejam eles conflitos armados ou instabilidades diplomáticas entre grandes potências – e uma estrutura econômica frágil. De modo preocupante, diante dos incentivos eleitorais, governos e bancos centrais, na tentativa de mitigar – ou de maquiar – esse cenário, incorrem em novas e sucessivas intervenções que apenas aumentam o nível de distorção econômica e de instabilidade dos mercados.[3, 4]

Soma-se a isso o endividamento soberano em níveis alarmantes, que pode ter consequências inéditas para a economia global. Nassim Taleb, autor de celebradas obras como *A lógica do cisne negro*[5] e *Antifrágil*,[6] responsável por cunhar esses conceitos* que hoje são largamente utilizados

---

* O conceito de cisne negro se refere a eventos raros, imprevisíveis e de grande impacto que parecem óbvios apenas depois que acontecem. Eles surpreendem porque estão fora das expectativas normais, mas, após a ocorrência, tendemos a buscar explicações lógicas que dão a falsa impressão de que poderiam ter sido previstos. Exemplos clássicos incluem os ataques de 11 de setembro, a crise financeira de 2008 e a pandemia de covid-19. Já o conceito de antifragilidade descreve sistemas ou entidades que não apenas resistem ao caos, mas que se fortalecem com ele. Ao contrário do que é frágil (que quebra sob pressão) e do que é robusto (que apenas resiste), o que é antifrágil melhora quando é exposto ao estresse, à volatilidade e à incerteza. Exemplos são o corpo humano, que se torna mais forte ao ser desafiado por exercícios físicos, e empresas, que evoluem a partir de crises e fracassos.

no mercado, afirmou recentemente que "apenas um milagre seria capaz de evitar que a espiral de dívida americana se torne uma espiral da morte".[7] Jamie Dimon, CEO do JPMorgan Chase e um dos nomes mais respeitados de Wall Street, afirmou que "a dívida americana é como um penhasco, e estamos na direção dele a 100 quilômetros por hora".[8] Segundo Dimon, esta será a crise mais previsível da história.[9] Mark Spitznagel, gestor do fundo Universa, escreveu em carta aos cotistas que o endividamento soberano é a maior bomba-relógio da história financeira e que poderá ter consequências próximas às da Grande Depressão de 1929.[10]

Diante desse cenário caótico (endividamento público nas alturas, política monetária irresponsável, inflação alta e incertezas econômicas e geopolíticas), qual é a real chance de um investidor tomar decisões seguras e acertadas em relação aos próprios investimentos?

Como um sintoma dessa complexa e assustadora conjuntura, a condição de investir com critério e diversificação vem se tornando cada vez menor. Ativos que tinham correlações inversas – efeito mais do que necessário para que a diversificação produza o resultado esperado de reduzir o risco de um portfólio – simplesmente deixaram de apresentar o mesmo comportamento sob o atual contexto econômico. Trazendo dados que atestam essa anômala disfunção mercadológica, a tradicional revista britânica *The Economist* fez um alerta em uma matéria intitulada "Por que o seu portfólio está menos diversificado do que você imagina" (em tradução livre).[11]

Como se não fosse o suficiente para prejudicar o nosso sono, os resultados objetivos dos investimentos tradicionais do brasileiro alimentam ainda mais esse ambiente de preocupação. Nas últimas três décadas, cobrindo todo o período após o Plano Real e a consequente estabilização econômica, o Ibovespa, principal índice da bolsa de valores brasileira (B3), perdeu feio para o tradicional Certificado de Depósito Interbancário (CDI): mais de 8.000% para o CDI contra aproximadamente 3.200% para a Bolsa. Enquanto isso, os casos de fraudes contábeis, como o das Lojas Americanas,[12] e calotes em debêntures consideradas seguras, como Light[13] e Vibra,[14] escancaram a fragilidade do nosso mercado de crédito privado. O número de empresas listadas na B3 encolhe continuamente desde 2021, concentrando os riscos em poucos papéis e setores.[15] Um terço do Ibovespa está resumido em apenas três empresas.[16] Que diversificação seria possível nesse cenário?

A sensação é familiar: você estuda o mercado, segue as "regras do jogo", diversifica setores e classes de ativos e mesmo assim os resultados frustram. As estratégias que funcionavam para outros investidores simplesmente não entregam mais. Enquanto isso, os relatórios que você recebe do seu banco ou da sua corretora de valores deixam aquela incômoda sensação de que algo fundamental mudou e as velhas fórmulas já não respondem às novas perguntas do mercado. Investidores seguem as recomendações de assessores de investimentos, aplicam na íntegra as dicas de influenciadores digitais ou copiam as estratégias de gestores renomados apenas para ver os investimentos estagnados por anos ou sofrendo quedas em momentos que deveriam ser de recuperação.

A triste realidade é que você e eu estamos sendo vítimas desse momento de mercado. Não se trata apenas de ciclos econômicos passageiros, e sim de uma mudança estrutural que infelizmente dá indícios de ser bastante duradoura. Estamos diante de um novo paradigma que exige novas estratégias de investimento. A verdade incômoda é que o mercado financeiro tradicional, como o conhecemos por décadas, não vem oferecendo o mesmo caminho seguro para a construção de patrimônio que um dia representou. No entanto, enquanto investidores dos mercados tradicionais estavam perdidos, confusos e sem direção, havia um setor específico da economia que, de maneira quase inexplicável, sobrevivia e prosperava vigorosamente em meio a essa conjuntura turbulenta.

A geração de valor, aquela que outrora residia nas estruturas convencionais do mercado financeiro, vinha migrando decididamente para novas maneiras de fazer negócios, gerando uma realocação tectônica de capital e construindo verdadeiras fortunas longe dos holofotes da mídia financeira tradicional.

É nesse território ainda inexplorado pela maioria dos investidores que montanhas de riqueza estão sendo erguidas, e nele as oportunidades de ganhos significativos são não apenas possíveis, mas também abundantes. Nos próximos capítulos, você vai entender como mapear esse novo território e se posicionar nele com inteligência e critério.

CAPÍTULO 2

O MUNDO MUDOU

Era sexta-feira à tarde, em meados de 2022. Após uma semana intensa, estávamos no último dia de um dos cursos de investimentos em startups que ministrávamos na Captable. Foi então que um dos presentes, alto executivo de uma grande empresa da indústria tradicional, pediu a palavra. Em um arrogante tom de desafio que denunciava o preconceito e o ceticismo dele, o sujeito fez um discurso no qual, na parte mais generosa, afirmou: "Nesse mercado de startups só tem espuma, um monte de moleques que nunca fizeram nada dizendo que estão mudando o mundo para não admitir para os pais que estão desempregados. Se autointitulam *founders* e CEOs, criam uma narrativa convincente e saem captando dinheiro como se ele crescesse em árvore. Para mim, essa história de venture capital não passa de uma bolha que logo estoura".

Fiquei incrédulo. O meu primeiro ímpeto foi perguntar por qual motivo aquele senhor teria desembolsado o valor do curso e despendido o precioso tempo dele para estar lá conosco se nem sequer acreditava que o que ia aprender seria de algum valor. Entendendo que tal reação teria claramente sido fruto do meu cansaço acumulado da semana, respirei fundo e dei uma resposta um pouco agressiva, no entanto bem embasada:

"Concordo que tem mesmo muita espuma. Qualquer mercado que se torna sedutor atrai também oportunistas e desavisados. Porém, não devemos esquecer que, além da espuma, existem montanhas de valor sendo criadas. Basta prestar atenção ao número de novas soluções tecnológicas que passamos a usar na vida pessoal e nos nossos negócios. O venture capital é o setor que busca capturar os ganhos de toda essa criação de valor, aprendendo a diferenciar quem só está fazendo espuma de quem realmente está criando soluções para a sociedade". Eu poderia ter encerrado assim, mas escolhi dar uma alfinetada e devolver o desafio. Completei: "A escolha é sua: ou o senhor insiste na sua convicção de que o venture capital é uma bolha, ou procura entender por que os melhores cérebros do mercado financeiro estão migrando para esse setor e por que as maiores empresas do Brasil estão dedicando orçamentos multimilionários para iniciativas de CVC".

Por mais que a parte final da minha resposta pudesse ter sido formulada de maneira mais cordial, ela carrega uma verdade sólida: a migração de capital e talentos para o venture capital ocorreu e segue ocorrendo em larga escala. Uma carreira nesse segmento se tornou objeto de cobiça para os jovens interessados no mercado financeiro, e as grandes empresas brasileiras estão de fato empreendendo em ambiciosas iniciativas para se conectar, interagir, investir e adquirir startups. Porém, como você entenderá na sequência, esta é a ponta do iceberg de um grande movimento global que vem definindo, ao longo de décadas, um novo paradigma para a economia e para os mercados.

A GRANDE TRANSIÇÃO

Estamos habituados a ver os movimentos econômicos do mundo, com poucas exceções, terem início nos Estados Unidos e posteriormente se espalharem pelo resto do globo. Tal país representa aproximadamente um quinto do produto interno bruto (PIB) mundial, é o dono da moeda de reserva internacional, tem um ambiente de negócios historicamente mais amigável ao empreendedorismo, sedia as maiores empresas do planeta e contém um ambiente acadêmico pujante e conectado com as necessidades reais dos mercados.

Dado esse contexto, é natural que as grandes tendências sejam gestadas e inauguradas lá. Por isso, talvez a maneira mais assertiva de antecipar as mudanças econômicas no Brasil – e nos demais países periféricos – seja observar com atenção os movimentos atravessados pelos Estados Unidos.

Em 1994, estas eram as maiores empresas norte-americanas:[17]

#	EMPRESA	RAMO DE ATIVIDADE
1	Exxol Mobil	Petróleo e gás
2	Coca-cola	Alimentação e bebidas
3	Walmart	Varejo
4	Raytheon/RTX	Aeroespacial e defesa
5	Merck	Farmacêutica
6	Procter & Gamble (PG)	Produtos pessoais
7	General Electric	Aeroespacial e defesa
8	PepsiCo	Bebidas
9	International Business Machines (IBM)	Tecnologia da informação
10	Johnson & Johnson	Farmacêutica

A marca de tal momento econômico era a variabilidade de setores, não havendo a predominância de nenhum ramo específico da economia, sendo a maior parte relacionada a indústrias tradicionais. Se examinarmos o mesmo ranking – das maiores empresas americanas por valor de mercado – trinta anos depois, em 2024 tivemos uma figura muito diferente e sugestiva, com um contraste que evidencia uma verdadeira virada de chave:

#	EMPRESA	RAMO DE ATIVIDADE
1	Apple	Tecnologia
2	Microsoft	Tecnologia
3	Alphabet (Google)	Tecnologia
4	Amazon	Tecnologia
5	NVIDIA	Tecnologia
6	Meta (Facebook)	Tecnologia
7	Tesla	Automotivo
8	Berkshire Hathaway	Seguros
9	Eli Lily & Co.	Farmacêutica
10	Visa	Serviços de crédito

É desnecessário dizer que as empresas de tecnologia passaram a dominar o ranking. Adicionalmente, não é difícil argumentar que podemos considerar a Tesla uma empresa nativa da Nova Economia, por ter um perfil altamente ágil e inovador, com intenso desenvolvimento de inteligência artificial e robótica.

Essa mudança é apenas o indicativo de uma tendência muito mais ampla, que impactou e segue impactando toda a economia: uma parte significativa da criação de valor, dos recursos alocados, dos empregos gerados e do consumo migrou com intensidade de setores tradicionais para setores ligados à economia digital ou baseados em inovação tecnológica. E, como esperado, essa tendência está se espalhando pelo mundo.

Nas últimas duas décadas, a China criou conglomerados tech gigantescos, como Tencent, Alibaba e Baidu, e se tornou uma potência em robótica, inteligência artificial, computação quântica e biotecnologia.[18,19] Cidades como Pequim,[20,21] Xangai,[22] Shenzen[23] e Hangzhou[24] emergiram como importantes hubs de inovação. Em 2018, a China superou os Estados Unidos em investimentos de venture capital, representando quase metade do total mundial investido na modalidade.[25] Na Índia, o setor tech representa parcela expressiva do PIB e domina as exportações de serviços.[26] Mesmo a estagnada Europa tem registrado uma forte expansão de startups desde a pandemia, quase dobrando o número de unicórnios na última década.[27]

Não resta dúvida: a transição de uma economia mais voltada a indústrias tradicionais para uma economia dominada pela tecnologia está acontecendo globalmente, e em alta velocidade. Então, se o mundo já mudou, por que os nossos investimentos ainda seguem velhas fórmulas?

E O BRASIL?

Na maioria dos mercados, o Brasil não consegue operar com a mesma eficiência das nações mais desenvolvidas; afinal, temos que remar contra a correnteza de regulações, legislações e tributos pouco amigáveis ao empreendedor, além de insegurança jurídica, mão de obra menos qualificada e malha logística deficiente. No mercado tech, entretanto, o Brasil tem grandes vantagens competitivas que o tornam uma terra fértil para empresas de tecnologia.

Com um mercado doméstico de 200 milhões de pessoas, o Brasil apresenta uma conectividade digital surpreendente: 96,9% da população têm celular, 86,6% estão conectados à internet e dois terços utilizam redes sociais. Esses números são comparáveis aos de países desenvolvidos, o que nos torna o quinto maior mercado digital do mundo.[28]

Nossa cultura *early adopter* de tecnologia, com população jovem e diversa que rapidamente abraça inovações, impulsionou o sucesso de serviços digitais em todas as camadas sociais. O e-commerce é amplamente adotado, soluções como Nubank e PagSeguro democratizaram serviços financeiros, e o Pix se tornou um fenômeno de rápida adoção. É a combinação perfeita: o brasileiro tem cultura tech e empreendedores criativos para transformar essa cultura em inovações práticas, e isso coloca o país em posição privilegiada para aproveitar a acelerada transformação tecnológica global.

Nós, que estamos acompanhando de perto essa nova onda de tecnologia mundial, temos a incrível oportunidade de aproveitá-la desde o começo. Então por que alguém, diante de todo esse contexto, perderia a chance de participar da economia que mais cresce no país?

O MERCADO DE VENTURE CAPITAL

Se a tecnologia é a grande tendência para o desenvolvimento econômico mundial, há um segmento que se especializou em capturar os ganhos de toda essa criação massiva de valor. O venture capital é um subsegmento do mercado financeiro com um perfil de busca por altos retornos, investindo em companhias de grande potencial e risco elevado. São negócios que carregam esse perfil por estarem em estágios mais iniciais de desenvolvimento e terem teses arrojadas e ambiciosas de transformar mercados. São as empresas que hoje conhecemos como startups.

O venture capital no Brasil está prestes a completar vinte anos de existência. Os primeiros movimentos ocorreram entre 2005, quando a gestora Monashees foi criada, e 2007, ano em que o Banco Nacional de Desenvolvimento Econômico e Social (BNDES) criou o fundo Criatec I. Em 2011, foi fundado o Anjos do Brasil, primeiro grupo brasileiro de investimento-anjo, importando um modelo muito difundido até então no exterior. O mercado logo tracionou de maneira exponencial.

Houve uma disparada no número de aceleradoras de startups, gestoras de venture capital, grupos de investimento-anjo, plataformas on-line de investimento e, sobretudo, uma proliferação avassaladora de novas startups em todos os setores. Universidades se engajaram criando as próprias incubadoras e iniciativas de apoio ao empreendedorismo. Bancos de fomento criaram programas dedicados a startups, e políticas públicas voltadas ao segmento passaram a ser discutidas e implementadas em todas as esferas de governo. Estávamos observando, em tempo real, o surgimento de um ecossistema inteiro, em velocidade de dar inveja aos países mais desenvolvidos. Uma nova economia surgia no Brasil.

Logo o empreendedorismo, a tecnologia e as startups se tornaram assuntos nacionais, e todos os setores da economia adotaram a temática. O mercado financeiro se abriu para estudar as *fintechs*, se aproximar e unir forças com elas à medida que assistia ao fenômeno do Nubank, que realizava a antes impensável façanha de criar um banco do zero e transformá-lo em uma das principais instituições financeiras do país. O agro, um dos setores mais produtivos e eficientes da nossa economia, foi inundado por soluções trazidas por startups. O setor da saúde foi rápido em perceber a transformação e integrar grandes empresas do segmento com hospitais e iniciativas empreendedoras. Em seguida, em 2018, surgiram os primeiros unicórnios brasileiros, coroando merecidamente um ecossistema que estava criando excelentes companhias.

A partir de então, o mercado acelerou ainda mais. O volume investido em startups saltou de 5 bilhões de reais para quase 50 bilhões de reais (2021) em apenas quatro anos,[29, 30] impulsionado pela injeção de liquidez feita pelo governo, com as taxas de juros em níveis mínimos, bem como pela adoção forçada de tecnologia durante a pandemia de covid-19.

Apesar da "ressaca" nos volumes investidos nos anos subsequentes, esse período consolidou definitivamente o venture capital no Brasil.

Fundos internacionais também desembarcaram em peso por aqui para aproveitar a grande onda de inovação que tomava conta do país. Os japoneses do SoftBank injetaram 8 bilhões de dólares na região,[31] seguidos por gigantes como Tiger Global,[32] Tencent,[33] Riverwood,[34] Accel[35] e Ribbit Capital.[36] Paralelamente, as grandes empresas brasileiras, temendo disrupções nos mercados e buscando incorporar inovações, aderiram rapidamente ao corporate venture capital (CVC), modalidade que se espalhou ainda mais rapidamente do que o VC tradicional. Em poucos anos, centenas de corporações de diversos setores lançaram iniciativas de CVC, em um movimento que culminou com a criação da Associação Brasileira de Corporate Venture Capital.

A todo vapor, o nosso país se tornou um grande celeiro de startups e empresas de tecnologia, criando um ecossistema pujante, promissor e globalmente reconhecido e admirado. Descobrimos que somos muito bons em direcionar a nossa criatividade intrínseca para criar negócios de alto potencial. Enquanto o investidor convencional permaneceu preso ao labirinto de instrumentos financeiros que já não cumpriam as promessas que faziam, uma nova fronteira de criação de valor se expandiu, oferecendo retornos que fizeram ressurgir aquela sensação quase esquecida de entusiasmo genuíno com os investimentos.

O fato de que há indivíduos e empresas prosperando e incrementando a qualidade de vida das pessoas em grandes escalas graças à tecnologia não deixa dúvidas de que existem recompensas incalculáveis a serem capturadas por aqueles que tomarem a corajosa decisão de se tornarem investidores de startups.

CAPÍTULO 3

VOCÊ DEVE INVESTIR EM STARTUPS

Investir em startups é uma experiência recompensadora que pode mudar a sua maneira de ver o dinheiro – e até o seu lugar no mundo. Como já vi ocorrer com muitos investidores, essa prática tem o potencial de transpor as bordas da mera gestão de patrimônio e alocação de recursos para se tornar parte de um estilo de vida.

O campo gravitacional desse mercado é tão forte que as fronteiras entre o empreendedorismo e o investimento se tornam quase inexistentes. Muitos dos empreendedores que obtêm sucesso e fazem exits se tornam investidores de outras startups e retroalimentam o mercado. Esse fenômeno cria um ecossistema vibrante e colaborativo, no qual os aprendizados, os recursos e o capital intelectual circulam de maneira contínua, fortalecendo o todo.

Paulo Veras e Ariel Lambert, da 99, o primeiro unicórnio brasileiro, se tornaram investidores-anjo e mentores de várias startups. Julio Vasconcellos, fundador do Peixe Urbano; Romero Rodrigues, do Buscapé; Brian Requarth, do Viva Real; Tallis Gomes, da Easy Taxi; e Cristina Junqueira, do Nubank, são exemplos de investidores de startups que foram inicialmente empreendedores. Do mesmo modo, há casos de investidores que, ao interagirem com o mercado, acabaram aprendendo, se inspirando e tomando coragem para empreender em iniciativas próprias.

Soma-se a isso o forte fluxo de pessoas para esse mundo. Conheço inúmeros profissionais que iniciaram a carreira em indústrias tradicionais e depois migraram para o segmento de inovação e tecnologia. Porém, não tenho registro de alguém que tenha feito o movimento contrário. É um caminho sem volta – e quase sempre positivo.

Costumo brincar que o ecossistema de inovação é como a máfia, o curso de engenharia e a Coreia do Norte: é fácil de entrar, mas difícil de sair. Tal qual as sereias da mitologia grega, que atraíam os navegadores com canções irresistivelmente encantadoras, esse mundo em que você está entrando tem um magnetismo difícil de explicar. Se você comprou este livro e está lendo estas páginas é porque essa é uma jornada que, por alguma perspectiva, captura a sua atenção. A boa notícia é que, diferentemente de Ulisses, personagem da *Odisseia*, de Homero,* você está totalmente autorizado a se deixar capturar pelo encanto da canção: o que o espera não é o naufrágio, e sim uma jornada estimulante e enriquecedora.

Acredito que todo investidor deveria alocar ao menos um pequeno percentual do próprio patrimônio em startups, e costumo separar as razões em dois blocos: os ganhos financeiros e os ganhos não financeiros.

CONSTRUINDO RIQUEZA MATERIAL – OU: OS GANHOS FINANCEIROS

O argumento mais óbvio para esta seção seria composto de dados dos ganhos que auferiram os investidores que apostaram cedo o suficiente em empresas muito fora da curva, como Amazon, Airbnb, Uber, Buscapé, Quinto Andar e Nubank. Os números são realmente devastadores e facilmente seduzem os mais ambiciosos.** Entretanto, não é assim que eu gostaria que

* Em um momento do clássico *Odisseia*, o poeta grego Homero narra a passagem de Ulisses por ilhas rochosas habitadas por sereias. O herói pede à tripulação que tapem os próprios ouvidos com cera de abelha e que o amarrem ao mastro da embarcação para que ele possa ouvir o canto das sereias sem se tornar mais um dos náufragos delas.

** A título de exemplo, Jeff Bezos, fundador da Amazon, afirma que os investidores da primeira rodada levantada pela companhia, caso tivessem mantido na íntegra a participação, teriam transformado 50 mil dólares em 3,5 bilhões. Fonte: ROSOFF, M. Jeff Bezos told what may be the best startup investment story ever. **Business Insider**, 20 out. 2016. Disponível em: https://www.businessinsider.com/jeff-bezos-on-early-amazon-investors-2016-10. Acesso em: 13 jun. 2025.

você pensasse o investimento em startups. Não queremos, afinal, comprar bilhetes de loteria, e sim montar uma estratégia consistente desde as premissas, a fim de alocar o capital de modo inteligente, para que os retornos potenciais e o risco associado incrementem o nosso portfólio de investimentos e contribuam para a nossa evolução patrimonial. Você está comigo nessa decisão, certo?

Naval Ravikant é fundador da plataforma de investimentos em startups americana AngelList e um dos mais bem-sucedidos investidores-anjo do planeta, tendo alocado recursos em empresas como Uber, Foursquare e Twitter. Além da trajetória empreendedora, Naval se tornou conhecido e celebrado como pensador e filósofo. Sobre os princípios da criação de patrimônio, ele argumenta que não devemos focar "ganhar dinheiro", e sim "construir riqueza" – nesse sentido, define "riqueza" como ativos que geram dinheiro enquanto dormimos. É uma fábrica, um robô, uma máquina produzindo; pode ser o programa de computador que roda durante a noite, servindo aos clientes, e até mesmo dinheiro investido em ativos e em outros negócios.[37] Essa perspectiva confronta diretamente a lógica da troca de tempo por dinheiro, tão comum na mentalidade tradicional de carreira.

Para muitos, a ideia de gerar riqueza enquanto dorme pode soar como uma realidade distante, afinal, a ausência de renda passiva (ou de ativos que apreciam em valor a partir do esforço de terceiros) na vida de alguém raramente é causada por falta de interesse, e sim reflexo de uma programação mental moldada por décadas em um sistema educacional e social que valoriza trajetórias lineares. Desde cedo, aprendemos a associar trabalho a esforço direto e imediato. Por isso, quando pensamos em como ganhar dinheiro, o nosso cérebro recorre automaticamente ao modelo tradicional de troca de tempo por dinheiro. Mesmo profissionais que investem parte do salário costumam fazê-lo de modo secundário, quase como uma obrigação periférica à atividade principal, que ainda depende diretamente da "venda de horas". Com frequência, esses aportes são pontuais, desconectados de uma visão estratégica voltada à construção de ativos próprios que apreciam em valor ou que geram renda de maneira autônoma.

Segundo Naval, para gerar riqueza, você deve ter participações societárias. "Se você não é dono de uma participação em um negócio, você não tem um caminho para a liberdade financeira", diz o guru.[38] Há uma diferença fundamental entre receber um salário e ter a propriedade de um ativo. Quando você apenas vende o seu tempo por um salário – mesmo em carreiras tradicionalmente lucrativas –, a sua capacidade de ganho fica limitada às horas que trabalha. Sem a sua atuação, o dinheiro para de entrar. Um executivo de uma multinacional, exceto em período de férias, não pode se dar ao luxo de não ir trabalhar durante uma semana, pois estabeleceu com a contratante o compromisso de dedicar horas à companhia como contrapartida ao salário que recebe – novamente, a relação de dependência entre atuação direta e ganhos financeiros. Em contraste, possuir ativos que geram renda ou apreciam em valor independentemente do seu esforço diário cria um fluxo de recursos que persiste durante o seu sono, as suas férias e até a sua aposentadoria. É essa propriedade de ativos, não o trabalho assalariado, que geralmente proporciona a verdadeira independência financeira, pois rompe a ligação direta entre horas trabalhadas e dinheiro recebido.[39]

Médicos e advogados que verdadeiramente enriquecem, por exemplo, são aqueles que abrem um negócio, como uma clínica ou um escritório; ou seja, que têm uma equipe produzindo para eles mesmo quando eles mesmos não estão presentes. "A riqueza verdadeira é criada começando os seus próprios negócios ou até mesmo investindo. Ela não vem através da venda de horas", diz Naval.[40] Pense nas pessoas mais bem-sucedidas patrimonialmente que você conhece. É bem provável que a maior parte, senão a totalidade, seja composta de donos da própria empresa ou tenha algum tipo de participação em algum negócio.

Em uma roda de conversa com amigos, certa vez, defendi essa opinião. Um dos participantes me contra-argumentou, citando Steve Ballmer, ex-CEO da Microsoft, como alguém que teria, mediante a posição de executivo contratado, acumulado uma fortuna maior do que a do fundador da empresa, Bill Gates. Após a conversa, fui pesquisar e descobri que o meu amigo estava correto: de fato a fortuna de Ballmer era, em 2024, cerca de 20% maior que a de Gates, o que tornava Ballmer o sexto homem mais rico do mundo. Entretanto, descobri também que a maneira como ele auferiu esse patrimônio corroborava o meu argumento, e não o do meu amigo: Steve Ballmer havia se tornado sócio da Microsoft por meio de acordos que concederam a ele ações como parte do pacote de incentivos, a ponto de ele ser hoje o maior acionista individual da companhia, com uma participação quatro vezes maior que a de Gates. E é a valorização dessas ações que explica o patrimônio do ex-executivo.[41]

Investir em venture capital é a maneira mais eficiente de aderir a esse conceito de modo alinhado às mudanças pelas quais o mundo vem passando, navegando a favor dos ventos da grande migração da geração de valor, conforme comentado nos dois capítulos anteriores. Os maiores investidores do mundo já se adaptaram a essa tendência.

Fundos de *endowment* são estruturas que apoiam financeiramente entidades sem fins lucrativos, como universidades e hospitais, e são importantes investidores institucionais nos Estados Unidos. Juntos, administram um montante equivalente a quase 40% do PIB do Brasil,[42] exercendo grande influência nos mercados. O fundo da Universidade de Yale, que tem como missão sustentar financeiramente as atividades acadêmicas por meio de investimentos estratégicos de longo prazo, tem mais de 300 anos e aproximadamente 40 bilhões de dólares sob gestão, sendo um destaque nesse cenário. Entre 1985 e 2021, foi administrado por David Swensen, uma lenda do mercado, que desenvolveu um modelo de alocação que se tornou referência para investimentos institucionais. Ao longo das últimas décadas, a partir da estratégia desenhada por Swensen, o fundo de Yale aumentou significativamente a alocação em venture capital, chegando a 22%, enquanto apenas pouco mais de 2% são destinados à bolsa americana.[43]

Essa estratégia se baseia no reconhecimento da eficiência dos mercados, que incorporam as informações disponíveis ao preço dos ativos e tornam muito difícil bater os retornos médios do mercado de modo consistente – essa tese rendeu o Prêmio Nobel ao economista Eugene Fama em 2013.[44] Swensen percebeu que o investimento diversificado em startups de alto potencial de crescimento poderia contribuir para a performance do portfólio, e os resultados têm sido recompensadores: o fundo obteve retorno médio de 12,4% ao ano nos últimos trinta anos, comparado a 8,46% da bolsa americana no mesmo período.*

---

* Considerando os retornos do S&P 500, principal índice de ações americanas.

O que pode parecer contraditório – um fundo que deveria ter perfil defensivo alocando recursos significativos em ativos de risco – faz sentido quando analisamos dois fatores importantes:

1. o risco agregado de uma carteira diversificada de startups é significativamente menor que o risco individual de cada empresa;
2. uma carteira de startups dentro de um portfólio diversificado pode reduzir o risco total, pois esses ativos têm baixa correlação com investimentos tradicionais.

Ao adicionar um ativo a um portfólio, a contribuição para o risco agregado é medida não apenas pelo risco individual, mas também pelo modo como esse ativo se correlaciona com os demais ativos do portfólio, conforme demonstrou Harry Markowitz, outro Nobel de Economia.[45] Assim, ao investir em startups, esses fundos buscam não apenas maior retorno, mas também uma diversificação que pode proteger o portfólio durante quedas de mercado, já que em momentos de turbulência startups tendem a não ser afetadas da mesma maneira ou com a mesma intensidade que ativos como ações ou renda fixa.

Além disso, investir em startups proporciona um "*hedge* de disrupção" ao portfólio. Considerando a frequência com que inovações transformam mercados e tornam grandes empresas obsoletas, é prudente proteger os seus investimentos contra esse risco. Imagine ser sócio da Blockbuster, gigante do mercado de locadoras de vídeo, durante o surgimento e a ascensão das plataformas de streaming.[46] Ou mesmo ser vítima de um processo mais gradual, na posição de acionista de um grande banco tradicional diante da perda massiva de clientes mais jovens e da redução de margens sofridas pelos grandes bancos tradicionais com o surgimento das *fintechs* e as mudanças regulatórias que deram dinamismo ao setor.[47, 48, 49, 50] Se você possui investimentos em setores tradicionais, como bancos ou agronegócio, incluir participações em *fintechs* ou *agrotechs* pode ser uma estratégia inteligente. Em ambientes de incerteza e mudança, enquanto grandes corporações enfrentam dificuldades de adaptação, startups frequentemente prosperam devido à agilidade e à capacidade de inovação que carregam.

Adicionar uma carteira de participações em startups que represente um montante pequeno do seu patrimônio ajudará a incrementar a relação risco/retorno do seu portfólio como um todo, aumentando as suas chances de enriquecer em segurança. E o melhor: isso pode começar com passos acessíveis para qualquer investidor.

CONSTRUINDO RIQUEZA INTELECTUAL – OU: OS GANHOS NÃO FINANCEIROS

Thomas Friedman, durante as pesquisas para a escrita do livro *Obrigado pelo atraso: um guia otimista para sobreviver em um mundo cada vez mais veloz*,[51] entrevistou Astro Teller, o executivo responsável pelo Google X, o laboratório semissecreto da Alphabet criado para gerar inovações transformadoras. Friedman relata que, durante a conversa, o executivo desenhou o seguinte gráfico (que tomamos a liberdade de traduzir).[52]

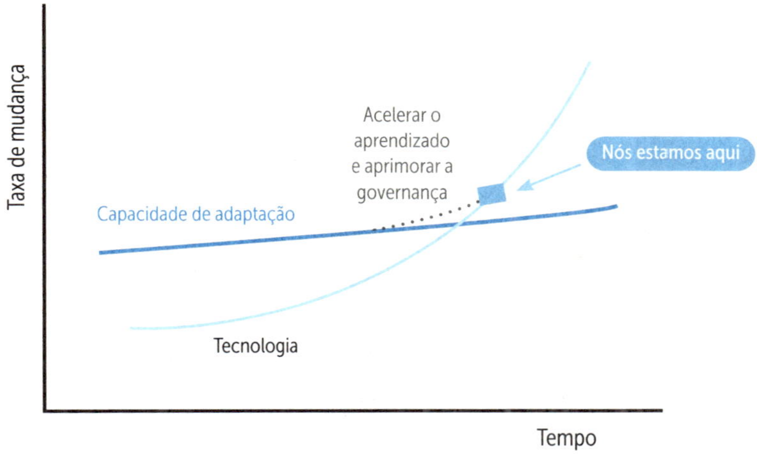

A tecnologia, segundo Teller, está evoluindo mais rápido do que a capacidade de adaptação média das pessoas, por isso é uma questão de sobrevivência encontrarmos maneiras mais efetivas de acompanhar esse ritmo, sob pena de nos tornarmos obsoletos.

Como investidor, mantenho contato frequente com as startups nas quais invisto. Ajudo os fundadores na tomada de decisões cotidianas e participo de sessões estratégicas de brainstorming, que invariavelmente se mostram momentos extremamente instigantes e estimulantes. A intensidade do aprendizado é incomparável com qualquer outra forma de aquisição de conhecimento – nenhum livro, curso ou workshop dará a quantidade de informações ou provocará tanto a sua mente como estar em contato com as pessoas que estão criando o futuro dos negócios. O fundador de uma startup normalmente é uma pessoa diferenciada: tem clareza de visão, resiliência, inteligência e coragem para correr riscos. Se somos a média das pessoas com as quais convivemos, empreendedores certamente são a melhor companhia para sermos constantemente provocados a progredir intelectualmente.

Há pouco tempo, tive um lembrete poderoso desse fato: aprendi com o fundador da Life Up, startup de inteligência artificial (IA) para a área médica, da qual sou investidor, maneiras poderosas de utilizar sistemas de IA que posso replicar em outras empresas do meu portfólio e no meu próprio negócio. Em outro episódio, perguntei a um cliente especial da Captable, ex-CEO para a América do Sul de uma multinacional europeia, o que o havia motivado a investir em startups. Ele me respondeu que o interesse que tinha era de estar conectado ao que estava acontecendo no mundo dos negócios, aprendendo com os empreendedores e se sentindo estimulado. Além, é claro, se possível, de ganhar um pouco de dinheiro – mas não esquentaria a cabeça se essa parte não se consumasse.

Este é o primeiro ganho não financeiro de investir em startups: a capacidade de esse ambiente nos inundar com informações relevantes, contribuindo como nenhum outro para o nosso aprendizado acumulado, nos mantendo atualizados em relação às grandes tendências globais. Em um mundo que evolui cada vez mais rapidamente, quem não estiver constantemente atualizando conhecimentos e se reinventando estará arriscando a carreira ou a empresa.

O segundo ganho não financeiro diz respeito à nossa satisfação com o dia a dia de investidores, pois, diferentemente das estruturas tradicionais de negócios, que são engessadas e entediantes, o ambiente empreendedor de tecnologia é leve, descontraído e empolgante.

A primeira vez que me deparei com essa realidade foi chocante. Eu tinha 25 anos, estava visitando o Vale do Silício e decidi participar de um evento de networking e pitch de empresas. Como já atuava no mercado financeiro tradicional, estava acostumado com reuniões em auditórios de hotéis, com todos vestindo camisa e sapatos, consumindo canapés, trocando cartões, conversando formalmente, fazendo notório esforço para manter a pose de gente séria e profissional. Nesses eventos, o palco era comumente ocupado pelo economista-chefe de algum banco ou corretora mostrando gráficos e dados e citando termos como "curva de juros", "inflação implícita" e "formação bruta de capital fixo". Esse encontro em um subúrbio de San Francisco, entretanto, foi bem diferente.

No terraço de um prédio comercial com atmosfera jovem e vibrante, ao som de clássicos de rock e pop, pessoas vestidas de jeans, tênis e camiseta conversavam de maneira descontraída e agradável, alternando explicações sobre negócios e carreiras com histórias, piadas e experiências. Enquanto isso, eram servidas pizzas em fatia e cerveja gelada. Mas não se engane: em ambientes como esse nascem grandes parcerias de negócios, e investidores escrevem cheques milionários. Quem foi que nos convenceu de que para fazer negócios o ambiente deve ser chato? Se você parar para pensar, realmente não faz muito sentido. "Uma carreira em venture capital é a coisa mais divertida que você pode fazer vestindo roupas." A autoria exata da frase é incerta – ela circula há anos entre investidores e empreendedores do Vale do Silício, sendo repetida em conferências, blogs e conversas de bastidores –, mas resume bem o fato de que investir em startups é mais do que aplicar capital.

Há ainda um terceiro ganho não financeiro, que é a sensação de impacto. Em que medida você se sente contribuindo para a economia, para a geração de riqueza e de empregos e para o bem-estar da sociedade ao investir em uma ação da Petrobras? Em contrapartida, a ideia de que você pode apoiar financeiramente companhias que podem gerar um impacto econômico e social positivo é muito presente e perceptível quando se trata de startups. Enquanto o investimento tradicional tende a ser passivo, focado apenas no retorno financeiro, o investimento em startups permite alinhar propósito e impacto à estratégia de alocação.

Imagine ser o investidor que possibilitou a criação e o crescimento de uma startup que aumenta a produtividade do agro ou que ajuda a bancarizar pessoas em frágil situação socioeconômica. Imagine a minha sensação como investidor da Life Up, que tem obtido resultados objetivos na melhoria da saúde, do bem-estar e da longevidade de milhares de pessoas; ou da Trashin, que soluciona o problema ambiental, econômico e social gerado por resíduos. Essa sensação é indescritível. Por isso, vem surgindo com força uma nova abordagem para a filantropia: muitos têm preferido apoiar causas e investir em negócios de impacto em vez de fazer doações, entendendo que essa é uma maneira de contribuir para a sociedade de modo mais sólido e duradouro e com maior capacidade de escala.

Cada vez mais, o mundo está sendo controlado por alguns poucos indivíduos de alta capacidade intelectual que criam poderosos sistemas e ferramentas que dominam o nosso dia a dia e impactam a vida de bilhões de pessoas. Estamos vivendo um momento incrível, no qual podemos nos tornar donos de partes desses negócios e participar desse movimento. Não foi à toa que dediquei tantos anos da minha vida à missão de tornar esse mercado mais acessível ao investidor comum. Simplesmente não há mais justificativas para ficar de fora. Por isso, ao longo dos próximos capítulos, **nós vamos investir em startups**.

CAPÍTULO 4

DO .PPT AO IPO

A árdua e incerta jornada de uma startup

Pergunte a dez pessoas o que é uma startup e você escutará dez respostas similares – e todas igualmente imprecisas. A sabedoria popular classificaria essas companhias, de modo simplista, como "uma empresa jovem de tecnologia". Mesmo entre investidores experientes, a definição de startup ainda carrega equívocos. É importante deixar claro que, neste livro, o termo "startup" é usado de maneira mais ampla, mais próxima do sentido utilizado pelo senso comum. Porém, para este capítulo, o entendimento do conceito original se faz importante, especialmente para quem deseja tomar decisões mais conscientes ao investir.

Segundo Steve Blank e Bob Dorf, uma startup é "uma organização **temporária** em busca de um modelo de negócios **repetível** e **escalável**".[53] É temporária porque deve ser assim reconhecida apenas enquanto ainda está na fase exploratória inicial de entender o mercado e o problema que pretende solucionar, desenvolver um produto e buscar um modelo de negócios que a permita entregar a solução de modo repetível e escalável. Ao encontrar um modelo viável, a startup passa para o momento de executar esse modelo de negócios, tornando-se efetivamente uma empresa. É nesse momento que ela deixa de ser uma promessa e passa a operar com alguma previsibilidade.

Para entender melhor esse conceito, vale destacar os dois pilares fundamentais do modelo de negócios de uma startup: repetibilidade e escalabilidade, como mencionado por Blank. Repetibilidade é a capacidade de replicar processos e entregas em diferentes contextos, contrastando, por exemplo, com um modelo de consultoria com projetos altamente personalizados. Uma empresa com modelo repetível busca uma fórmula padronizável, de modo a gerar repetidamente o mesmo valor ao replicá-la de forma idêntica em diferentes contextos.

Já escalabilidade se refere à condição de aumentar entregas sem incrementar os recursos necessários na mesma proporção. Um professor particular exemplifica um modelo não escalável, enquanto um professor que dá aulas on-line e ensina milhares de alunos alocando o mesmo esforço de uma aula individual tem um forte componente de escalabilidade. Quando falamos de produtos digitais, a escalabilidade tende a ser máxima: para plataformas como Spotify, após o investimento inicial para construir o sistema, o custo para atender a milhões de usuários adicionais é muito baixo.

Algumas empresas têm modelos de negócio repetíveis, ou seja, conseguem entregar o mesmo produto ou serviço diversas vezes, com consistência e previsibilidade. Outras têm modelos escaláveis, que são capazes de crescer sem que os custos aumentem na mesma proporção da receita. Startups crescem tão rápido porque reúnem esses dois atributos ao mesmo tempo. Elas replicam a proposta de valor com precisão em diferentes contextos (repetibilidade) e fazem isso com estruturas que permitem essa replicação sem precisar multiplicar recursos na mesma medida graças ao uso de tecnologia (escalabilidade). É essa combinação rara e poderosa que torna o modelo de startup tão explosivo.

Uma startup, quando nasce, é uma estrutura quase insignificante: uma ou duas pessoas, quase nenhum recurso financeiro e alguns poucos clientes-cobaia. Porém, o objetivo não é atender a um pequeno mercado local, como seria se fosse uma empresa tradicional – tal qual uma padaria, um restaurante ou um escritório de contabilidade –, e sim dominar o mundo no menor tempo possível. A natureza repetível e escalável é o que possibilita esse crescimento tão acelerado. Não faltam exemplos de empresas que apenas alguns anos após a fundação já eram companhias globais com centenas de milhões de clientes, como o Nubank, que se tornou um banco global no sexto ano de operação e após apenas onze anos de existência ultrapassou o número de clientes de instituições tradicionais como o octogenário Itaú e o ducentenário Banco do Brasil.[54] Outro excelente exemplo é a 99, que 26 meses após a fundação atingiu a marca de 10 milhões de corridas realizadas.[55]

Para dominar o mundo em um curto espaço de tempo, além de repetibilidade e escalabilidade, uma startup precisa de um diferencial competitivo muito forte e claro em relação aos concorrentes: algo inovador. Inovar, entretanto, é um processo que envolve invenção, experimentação, criatividade, tentativa e erro, interação e feedback com os clientes, construção conjunta, pivotagens e certa dose de seleção natural mercadológica. E é por isso que startups têm um modelo de desenvolvimento e um perfil de crescimento completamente diferentes das empresas tradicionais.

Em vez do caminho tradicional – alugar o imóvel, comprar os equipamentos, adquirir os insumos e deixar o pão quentinho esperando o consumidor –, um empreendedor deve avançar passo a passo, de maneira minuciosa e calculada, descobrindo ao longo do processo como construir o produto e o negócio na tentativa de maximizar o valor gerado ao cliente.

Traduzindo esses conceitos para a prática, de maneira objetiva: para desenvolver uma startup, deve ser criado um conjunto de hipóteses para validá-la, que são testadas e cujos resultados são avaliados; então é criado mais um conjunto de hipóteses, que são testadas novamente e assim por diante, em um processo cíclico, iterativo e que se retroalimenta. Esse processo paulatino ajuda a identificar necessidades reais do mercado, refinar as ideias, garantir que sejam viáveis e, principalmente, a evitar custos desnecessários e investimentos mal alocados.

AS FASES DE DESENVOLVIMENTO DE UMA STARTUP

Embora existam variações, é possível mapear um caminho comum que a maioria das startups percorre durante a jornada de crescimento.

1. **Ideação**: é o momento em que é identificado o problema ou a dor que será solucionada, e então são criadas hipóteses e soluções. O conceito que comanda os esforços nessa etapa é o Problem-Solution Fit (PSF), ou seja, a busca por validar as hipóteses de como seria uma solução que de fato resolvesse o problema identificado. É a etapa de fazer perguntas, conversar com pessoas e até mesmo construir uma

*landing page** fictícia para tentar atrair interessados. A partir desse processo, é possível rascunhar um protótipo. Um erro comum cometido por empreendedores nessa fase é ter uma ideia de um produto ou serviço para uma startup sem saber qual problema está sendo focado e, com isso, passar a sofrer da comum "síndrome da solução em busca de um problema", que é uma das maiores causas de fracasso de startups nas fases iniciais.

2. **Produto mínimo viável** (do inglês Minimum Viable Product – MVP): é o momento de testar a solução hipotética construindo a versão mais simples possível do produto e levando-o ao mercado para uma primeira interação com o consumidor. Esse pequeno grupo inicial de clientes é muito importante para retroalimentar o desenvolvimento do produto a partir do uso dele, dos feedbacks e de eventuais pontos de atrito. É o primeiro ciclo de construir-testar-aprender-refinar pelo qual uma startup deverá passar. Um dos maiores motivos de falha de startups é desenvolver algo que os clientes não querem, então essa dinâmica de construção conjunta, em interação com o mercado, busca justamente evitar esse erro.
3. **Tração**: é o momento em que um produto robusto e comercializável é desenvolvido a partir dos aprendizados da fase de MVP e finalmente é vendido em mar aberto. A meta é ganhar tração no mercado, aumentar vendas, fidelizar clientes e expandir a receita, que é o maior indicador de tração. Essa fase valida se o modelo de negócios é viável e se há demanda real pelo produto. A busca pelo Product-Market Fit (PMF) é iniciada, ou seja, é o momento de fazer adaptações e refinar o produto até o ponto em que ele se encaixe como uma luva nas necessidades e na dinâmica de uso do cliente. Tudo, obviamente, de modo que seja escalável e repetível. É o primeiro momento em que a startup tem de fato cara

* *Landing page* é um site específico, desenhado para campanhas de marketing. Contém explicações do produto e uma tentativa de levar os potenciais clientes a executarem alguma ação, que pode incluir fazer uma compra, se inscrever em uma lista de e-mails ou baixar um e-book, uma planilha ou outros tipos de conteúdo.

de empresa: passa a ter processos internos, um time com divisão clara de tarefas e vendas recorrentes.

4. **Refinamento**: essa fase deve acontecer de modo concomitante com a de tração, por isso normalmente são mencionadas em conjunto.* A empresa está ganhando tração, atraindo clientes e expandindo a equipe para atender à demanda crescente, então o foco vai para a preparação da fase de escala, concentrando-se em três pontos essenciais: a)busca do PMF, explorando o fato de que o maior fluxo de clientes possibilita identificar novos pontos para ajuste fino no produto; b)eficiência do processo interno, com boa gestão e processos, para maximizar os recursos humanos e garantir a entrega sem interrupções; e c)início de testes de canais de venda, dado que essas informações são valiosíssimas para a fase seguinte. Se essas três pontas estiverem bem resolvidas, as coisas deverão fluir da melhor maneira possível. O erro mais frequente nessa etapa é apressar a passagem para a tentadora fase de escala. Isso porque entrar em escala sem que a startup tenha um PMF sólido penaliza a companhia de diversas formas, sobretudo em custos de aquisição de clientes (CAC) e taxas de cancelamento (*churn*) mais altos.
5. **Escala**: é o momento mais aguardado do espetáculo. A hora do "mova-se rápido e quebre coisas".** Se as fases de tração e de refinamento forem bem executadas e os objetivos forem alcançados, a startup estará pronta para acelerar forte. Nesse momento, nada mais importa, apenas vender, vender e vender – além, é claro, de executar as tarefas que são relevantes para sustentar esse crescimento, como contratar pessoas, incrementar a estrutura interna e trabalhar estratégias de retenção de clientes.

---

* Aqui, decidi separar as etapas de tração e refinamento para enfatizar a importância da busca pelo PMF. Além disso, pensar nesse formato ajuda o investidor na análise, já que muitos empreendedores não dão a devida atenção ao refinamento – mas você deve estar atento a isso.

** Lema utilizado pelo Facebook como forma de encorajar a experimentação e a inovação acelerada.

6. **Maturação**: após o intenso foco no crescimento vivido durante a fase de escala, agora é o momento de "arrumar a casa", revisar a estrutura de gestão, reforçar regras de governança e se preparar para movimentos estratégicos como fusões e aquisições, abertura de capital ou venda para uma corporação maior.

É claro que esse modelo teórico de desenvolvimento, quando posto em prática, ocorre de maneira mais fluida e menos compartimentada. Entretanto, ele apenas traduz o que na prática se provou ser mais eficaz: reduzir riscos gradualmente, validando hipóteses antes de cada avanço. A cada nova etapa, um novo conjunto de hipóteses é validado, e com isso uma parcela do risco associado à empreitada é eliminado.

POR QUE UMA STARTUP CAPTA RECURSOS?

O processo de desenvolvimento de uma startup é intensivo em capital, e a atividade que consome esses recursos varia conforme o ponto em que a startup se encontra.

Se ela está entre as fases de MVP, tração e refinamento (ou seja, com foco em desenvolvimento de produto), a necessidade de capital pode vir de dois lugares: dos investimentos diretos em desenvolvimento de produto; ou da necessidade de sustentar os custos fixos (pró-labore dos sócios, salários do time, sistemas, escritório, entre outros) enquanto os empreendedores e o time operam o dia a dia da empresa, tentando fazer vendas, acompanhando e dando suporte aos clientes, coletando feedbacks e fazendo os ajustes necessários. Esse momento da startup pode durar longos períodos.

Na Digital Drive, a startup do setor automotivo da qual sou investidor, bancamos a necessidade de caixa da startup por meio de aportes até que fosse possível encontrar o PMF. É claro que o risco de investir nessa etapa é maior: se a startup nunca tivesse encontrado o PMF, teria literalmente jogado dinheiro fora, em um investimento sem retorno. Porém, nesse caso, como a oportunidade e o potencial indicavam um alto impacto caso a solução fosse validada, avaliamos que valia a pena correr o risco de investir antes da validação do PMF, mesmo sabendo que, se ele não fosse alcançado, o capital poderia ser totalmente perdido.

Se a startup está na fase de escala, a demanda por recursos virá sobretudo da necessidade de crescer; isto é, da busca por aumentar as vendas e a base de usuários. A companhia até pode tentar crescer apenas com as receitas, a exemplo do que uma empresa tradicional faria; porém, escolher o caminho de crescer sozinho não significa apenas limitar os ganhos da companhia e dos empreendedores, mas também um alto risco de a empresa se tornar obsoleta devido ao surgimento de um concorrente que está se desenvolvendo com maior velocidade.

Nesse mercado, não crescer com velocidade significa tomar um risco que pode ser fatal. Por outro lado, acelerar o crescimento significa ter aprendizado mais rápido e maior capacidade de atrair talentos, de praticar preços melhores, de inovar e de aumentar o escopo do produto para atender a mercados adjacentes, além de favorecer a construção de marca e de reputação. Em resumo, o crescimento traz uma série de diferenciais competitivos. Por isso, além de reinvestir as receitas geradas, a startup deve buscar capital externo para acelerar ainda mais o crescimento.

Como vimos, há um custo e um esforço inicial para criar o produto; entretanto, depois disso, toda a receita de novos clientes contribui quase integralmente para a margem de lucro, dado que o custo adicional para atender cada novo cliente (custo marginal*) é próximo de zero. É por esse motivo que muitas startups incorrem em prejuízos por anos a fio. Elas gastam além do que arrecadam para atrair e atender novos clientes, cobrindo essa diferença com o dinheiro captado de investidores. A aposta é que, no futuro, quando pararem de gastar tanto para crescer, os clientes conquistados continuarão consumindo o produto e gerando receita, e então, ao cortar os imensos gastos com marketing e vendas, a empresa passará a dar muito lucro.[56]

* Custo marginal é o aumento no custo total de produção quando a empresa produz uma unidade adicional de um bem ou serviço. Em startups e negócios digitais, o custo marginal tende a ser quase zero (por exemplo, entregar um software para mais um usuário), o que favorece a escalabilidade.

Os gráficos a seguir demonstram essa diferença de perfil. Enquanto uma empresa tradicional cresce sempre procurando manter as receitas acima das despesas, consequentemente sempre obtendo algum nível de lucro, uma startup investe de maneira pesada para crescer, e essa linha de gastos é responsável por deixar a empresa no vermelho, até que ela desligue as máquinas de crescimento (como ocorre, por exemplo, entre os períodos 8 e 9 do segundo gráfico), ajuste as contas e passe a usufruir da grande diferença entre as receitas e as agora reduzidas despesas.

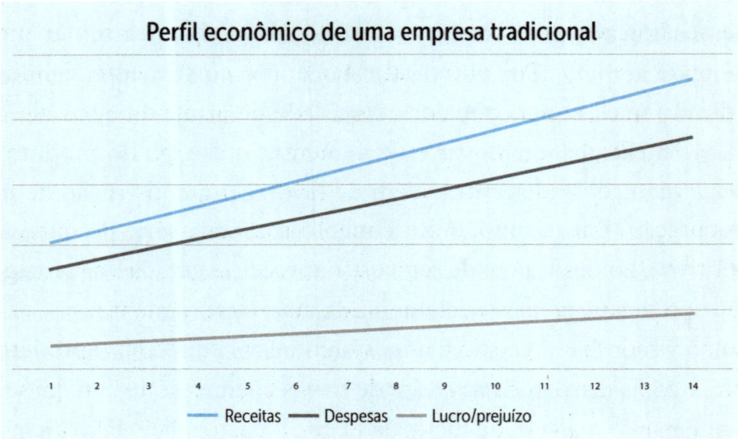

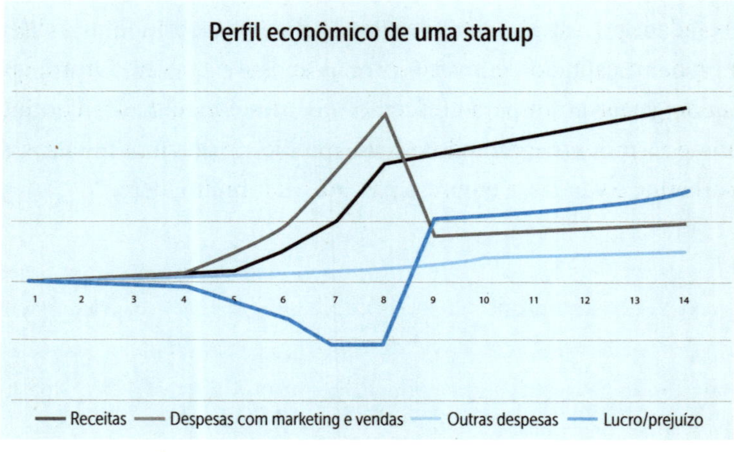

Um dos casos mais extremos foi o da Amazon, que passou a primeira década de existência fazendo frente aos prejuízos a partir dos recursos captados com investidores para crescer rapidamente, com base em um serviço de qualidade e foco no cliente em detrimento de lucros de curto prazo. A carta que o CEO Jeff Bezos escreveu para os investidores em 2000,[57] um ano que foi muito difícil para o mercado americano por conta do estouro da bolha ponto-com*, demonstra com clareza que incorrer em prejuízos era uma decisão estratégica de longo prazo da companhia, e não uma falha no modelo de negócios. Hoje, a Amazon está entre as companhias mais lucrativas do mundo, tendo gerado quase 70 bilhões de dólares de resultado operacional em 2024.[58]

Mark Zuckerberg, fundador do Facebook, por muito tempo nem sequer sabia como geraria receita. Em entrevista concedida em 2005, nos anos iniciais da rede, ele afirmou:

> *Até temos vendido alguns anúncios, mas manter o produto útil e crescer é o meu principal foco. Estamos crescendo muito, nossos números de visualizações de página já ultrapassaram os do Google. Quando temos essas métricas de crescimento, podemos monetizar facilmente, mas ainda não estamos colocando esforços nisso.*[59]

Enquanto isso, sem nenhuma receita, a companhia era sustentada totalmente pelo capital externo de investidores que despejavam milhões de dólares para que o Facebook seguisse aumentando a base de usuários. As expectativas se confirmaram, e hoje todos esses investidores estão muito satisfeitos com os retornos meteóricos que aquele capital investido lhes gerou.

* A bolha ponto-com, ou bolha da internet, foi uma alta especulativa gerada sobre as ações de empresas de tecnologia na bolsa americana a partir da euforia com os primeiros movimentos da internet. O estouro da bolha em 2000 foi um período difícil para o mercado como um todo, mas em especial para as empresas tech.

Também há casos em que as expectativas são frustradas, como aconteceu com WeWork, Jawbone e Better.com, cujos modelos de negócios não se provaram lucrativos com escala. Por isso, ao topar ajudar uma startup a bancar os prejuízos para que possa inovar e ter fôlego para tentar construir algo de valor para a sociedade, um investidor deve sempre estar ciente dos riscos que está correndo e saber que há uma boa chance de algo (ou tudo!) dar errado. O risco está sempre presente – e é justamente isso que torna o jogo da inovação tão transformador.

É verdade que incorrer em prejuízos sem ter uma estratégia definida não é desejável (como vimos ocorrer sobretudo durante a pandemia de covid-19), porém tampouco devemos abandonar essa lógica que, quando bem executada, vem sendo um grande motor por trás da inovação que ocorre no mundo.[60]

CAPÍTULO 5

A TRILHA DE INVESTIMENTO E AS MANEIRAS DE INVESTIR EM STARTUPS

Investir em startups envolve entender que o risco e o retorno mudam conforme o estágio da empresa. Por isso, o investimento nesse mercado segue uma lógica própria, conhecida como investimento por estágios. É importante que você, investidor, saiba como esse modelo funciona para que mensure o escopo e os limites da sua participação e para que compreenda quem são e quais são os papéis dos demais *players* do mercado com quem estará interagindo.

O INVESTIMENTO POR ESTÁGIOS

No início da jornada de uma startup, ainda não é possível saber com clareza uma série de pontos fundamentais sobre o problema, a solução e a capacidade do time em transformar uma ideia em negócio. Ainda não sabemos:

1. Se o problema postulado representa de fato uma dor sentida por uma parcela da sociedade; ou seja, se há um público consumidor para uma eventual solução que a startup está planejando.
2. Se o time de fundadores será capaz de criar uma solução que realmente melhore a vida de quem sente essa dor hipotética.
3. Se a dor é suficientemente grande e a solução é suficientemente efetiva a ponto de o público estar disposto a pagar por ela.
4. Se o time de fundadores será bem-sucedido em transformar a solução proposta em um produto escalável e repetível.

5. Se há um modelo de negócios lucrativo, em que as potenciais receitas suplantem os custos atrelados à entrega de valor.
6. Se será possível atingir o PMF e, após atingi-lo, se há canais de venda e distribuição que possibilitem a escala.
7. Se o time de fundadores é capaz de transformar a empresa em uma organização sólida e duradoura.

Além de todos esses exemplos, há uma infinidade de outras hipóteses não testadas. Toda essa incerteza naturalmente resulta em riscos elevadíssimos para o investidor – afinal, basta uma das premissas do empreendedor não estar correta para que o investimento não seja atrativo. Por conta disso, dificilmente haveria investidores dispostos a alocar grandes somas no projeto nesse momento. Mesmo se houvesse interesse, o investidor exigiria uma participação muito grande da companhia em troca do dinheiro, para que o potencial de retorno justificasse o risco que estaria correndo. Já vi investidores tomando 40% do negócio ou até mesmo participações majoritárias como contrapartida por financiar a startup nesse estágio. Adicionalmente, do lado do empreendedor, também não faria sentido vender uma parte tão significativa da empresa no momento em que ela tem menos condições de comprovar o próprio valor – e, por consequência, pouco vale aos olhos do mercado.

Dessa forma, levando em consideração o conjunto de incentivos entre investidores e empreendedores, bem como a dinâmica de crescimento de uma startup – em que, à medida que hipóteses vão sendo validadas o risco associado vai sendo eliminado e mais valor é percebido –, o investimento, assim como a trilha de desenvolvimento, também ocorre em etapas, no modelo que ficou conhecido como *stage financing*, ou investimento por estágios.

O montante levantado em cada estágio deve ser suficiente para que a companhia consiga atingir a fase seguinte de desenvolvimento e então possa buscar novos investidores que financiem os desafios subsequentes. E assim sucessivamente, etapa após etapa. As rodadas de cada estágio tendem a convergir para determinados padrões no que se refere a tamanhos de cheque e tipos de investidores, por isso passaram a ser conhecidas por nomes, os quais você possivelmente conhece se já teve algum contato com esse mercado.

1. **Rodada pré-seed**: a fase de ideação não necessita de recursos além do tempo e da energia do empreendedor, somados a um pouco de criatividade. Assim sendo, a primeira captação de uma startup ocorre apenas após essa fase, podendo acontecer na transição da etapa de ideação para o MVP, para financiar o protótipo, realizar as validações e levar a startup até a fase de tração. Ainda assim, é possível que essa parte seja financiada pelos próprios empreendedores (o que chamamos de *bootstrapping*). Caso a startup busque recursos com terceiros, por ainda ter pouco a mostrar, ela deve ser financiada por aqueles que conhecem e confiam pessoalmente nos fundadores, em geral familiares ou amigos. Isso tornou conhecido o termo FFF, ou Family, Friends & Fans – este último muitas vezes pejorativamente substituído por *fools* ou "tolos". Embora menos provável, também pode contar com a participação de investidores-anjo e aceleradoras.* Uma rodada pré-seed, quando ocorre, costuma contar com investimento entre 50 mil e 300 mil reais.
2. **Rodada seed**: a startup finaliza o produto com base nos feedbacks da fase de MVP e inicia os esforços das fases de tração e refinamento. Os recursos aportados nessa fase podem variar de 300 mil a 5 milhões de reais. A amplitude da faixa se explica pelo fato de que normalmente é necessário mais de uma rodada para que a startup atinja a próxima fase (escala) – conheço uma startup que captou cinco rodadas seed. Nas rodadas mais modestas dessa faixa, é comum que os aportes venham de aceleradoras e investidores-anjo. Já os seeds maiores virão de grupos de investimento-anjo, plataformas de investimento e fundos de venture capital. Nessa etapa, os recursos levantados devem possibilitar à startup tracionar a comercialização do produto, seguir coletando feedbacks dos clientes para refinar o produto e atingir o PMF, aumentar o time, além de realizar testes de canais de venda e identificar as avenidas de crescimento.
3. **Série A**: marca a entrada da startup na fase de escala. A empresa já tem um produto validado, com PMF atestado ou muito próximo, base crescente

* Enquanto no Brasil de fato a participação de investidores-anjo e aceleradoras nessa etapa é mais rara, nos Estados Unidos isso ocorre com frequência.

de clientes e métricas que demonstram potencial de crescimento acelerado. Os recursos captados serão injetados nos motores de crescimento, buscando expandir a operação e acelerar a aquisição de clientes. Quem participa dessas rodadas majoritariamente são fundos de venture capital (VC), sendo mais comuns aportes entre 10 milhões e 50 milhões de reais.

4. **Séries B, C, D em diante**: são as rodadas subsequentes à série A. São companhias que estão se tornando grandes *players* e desejam continuar a trajetória de expansão e escala. Os cheques esperados começam indo de 40 milhões a 200 milhões de reais para a série B e tendem a crescer a cada nova rodada. São rodadas que financiam aquisição de usuários, desenvolvimento de novos produtos e expansão para novos mercados, e até mesmo aquisições de outras empresas, ao fim levando a companhia até o estágio de maturação.

Quatro pontos merecem atenção especial nesse contexto. Primeiro: os números apresentados são médias do mercado – e os investidores participantes são apenas os mais prováveis. Existem, porém, contextos específicos em que uma startup pode seguir uma trilha de captação bastante deslocada desse padrão. Um exemplo é quando o fundador da startup é alguém que já tem uma iniciativa empreendedora bem-sucedida no currículo: o "fundador de segunda viagem". A trajetória por trás do sucesso de uma startup é tão árdua que, aos olhos dos investidores, quem já provou ser capaz de chegar ao topo uma vez certamente terá uma chance maior de chegar lá de novo. Outros casos comuns encontram-se quando, antes de empreender, o fundador já tinha uma posição de destaque no mercado de atuação ou formação acadêmica por universidades de ponta, como um MBA na aclamada Universidade Stanford, por exemplo.

Segundo: é importante reforçar uma questão que é objeto de confusão para muitos. Embora tenhamos uma baliza do valor médio esperado de cheque para cada uma das rodadas, o nome da rodada não é definido pelo volume financeiro do aporte, e sim pelo estágio de crescimento em que a companhia se encontra e pelos desafios para os quais o capital será utilizado. É por isso que qualquer cheque recebido após a fase de MVP e até o final da fase de tração e refinamento é chamado de seed. Pelo mesmo motivo, embora não seja comum, é plenamente possível existir uma rodada série A de apenas 5 milhões de reais, bastando para isso que a startup esteja entrando na fase de escala.

Terceiro: deve-se ter muito cuidado ao comparar cheques de startups brasileiras com pares norte-americanos, nos quais os aportes são mais generosos. Por exemplo, enquanto no mercado brasileiro uma rodada série A normalmente envolve valores entre 10 milhões e 50 milhões de reais, nos Estados Unidos essas rodadas costumam ultrapassar 10 milhões de dólares, podendo chegar a 30 milhões.

Por fim, quarto: acredito que não conheço nenhuma startup que tenha executado de maneira tão definida e linear o modelo descrito nestes últimos dois capítulos. Na "vida real", o caminho de uma startup é muito mais acidentado do que nesse modelo. O mercado muda, a startup pivota e precisa demitir pessoas relevantes, o dinheiro acaba e acarreta uma captação às pressas ou o empreendedor encontra atalhos que tornam possível pular algumas etapas. Ainda assim, é muito útil ter esse modelo como uma referência ao menos aproximada do caminho que está sendo percorrido, para que o investidor possa ajustá-lo a cada caso específico que observar.

AS FORMAS DE INVESTIR EM STARTUPS

Se cada fase de desenvolvimento carrega desafios típicos e demandas com intensidades bem diferentes dos bolsos dos investidores, é natural que cada tipo de investidor se especialize em estágios específicos. Alguns dos mais comuns participantes do ecossistema são os listados a seguir.

Investidor-anjo: é uma pessoa física que investe o próprio capital em startups em estágio inicial, normalmente entre as fases de ideação, MVP e tração. Além do aporte financeiro, que costuma variar entre 50 mil e 500 mil reais, ele agrega valor por meio da própria experiência profissional e da rede de relacionamentos que carrega.
Aceleradoras: são organizações que selecionam startups em estágio inicial para que participem de programas estruturados de desenvolvimento. O aporte financeiro, entre 50 mil e 400 mil reais, é apenas uma parte do pacote, que pode incluir mentorias, espaço de trabalho, serviços de apoio e conexões com o mercado. Para fazerem aportes, algumas aceleradoras

captam recursos com investidores pessoas físicas, o que as torna um dos veículos para você investir em startups.

Plataformas de investimento: também conhecidas como plataformas de *crowdfunding*, atuam em um modelo análogo ao da bolsa de valores, quebrando uma rodada de investimentos de 1 milhão de reais ou mais em cotas menores, sendo uma opção atrativa para investidores pessoa física. Elas realizam a análise das empresas, negociam os termos do investimento e fazem o acompanhamento do portfólio. Algumas inclusive possibilitam que investidores vendam participações para outros investidores, em uma espécie de mercado secundário. É uma forma simples e rápida de começar e que facilita diversificar. A Captable, empresa que fundei e liderei até a minha saída em 2023, foi o principal *player* brasileiro desse segmento.

Grupos de investimento-anjo: reúnem investidores que analisam e investem em conjunto, permitindo a obtenção de cheques totais maiores, entre 500 mil e 2 milhões de reais. Focam startups no início da fase de tração ou que já estejam tracionando. A decisão de investimento é tomada após um processo estruturado de análise, e os membros do grupo frequentemente se dividem para apoiar as startups investidas. Alguns dos principais grupos do Brasil são o Anjos do Brasil, o GV Angels (composto de ex-alunos da Fundação Getulio Vargas) e o BR Angels.

Fundos de venture capital: são veículos administrados por gestoras profissionais que captam recursos de diversos investidores para alocar em startups. Para investir em um fundo de VC, os aportes mínimos estão na casa de 1 milhão de reais. É por esse motivo que, excluídos BNDES, BID, Finep, RPPSs* e instituições afins, quando se trata de capital privado, family offices** e corporações costumam ser os principais cotistas desses veículos no

* Banco Nacional de Desenvolvimento Econômico e Social (BNDES), Banco Interamericano de Desenvolvimento (BID), Financiadora de Estudos e Projetos (Finep) e Regime Próprio de Previdência Social (RPPS).

** Family offices são estruturas privadas criadas para gerenciar o patrimônio de famílias muito ricas. Essas companhias cuidam de investimentos, planejamento sucessório, gestão

Brasil. As corporações, inclusive, são mais focadas em fundos que investem especificamente no mesmo setor de atuação da companhia, ou em setores complementares ou adjacentes.

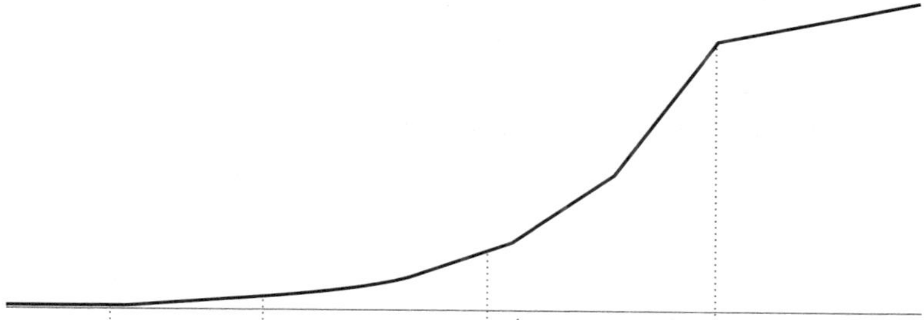

Estágio	Ideação	MVP	Tração/refinamento	Escala	Maturação
Rodada	–	Pré-seed	Seed	Série A, B, C	*Growth rounds*
Cheque (R$)	–	50 mil a 300 mil	300 mil a 5 milhões	10 milhões a 500 milhões	200 milhões+
Investidores		Bootstrapping, FFF, anjos, aceleradoras	Anjos, aceleradoras, plataformas, grupos anjos, VCs, early stage	VCs	VCs *late stage, private equity*

É comum que diferentes tipos de investidores participem da mesma rodada, combinando recursos financeiros e contribuições estratégicas complementares. Na Captable, por exemplo, fizemos coinvestimentos entre os investidores da plataforma e fundos de venture capital, além de rodadas conjuntas com grupos de investimento-anjo. Ainda, é praxe que rodadas acima de 3 milhões de reais não sejam tomadas por um único investidor. Normalmente, um fundo lidera a rodada (avalia a startup e negocia os termos) e convida outros fundos para aportarem em conjunto, como forma de fazer cheques totais maiores sem aumentar a exposição individual a um ativo.

de bens, questões jurídicas e contábeis e até assuntos pessoais da família, como filantropia e educação financeira das próximas gerações. Existem dois tipos principais: os *single-family offices*, voltados para uma única família, e os *multi-family offices*, que atendem a várias famílias com serviços compartilhados.

***

O conteúdo deste livro é direcionado a investidores individuais, pessoas físicas, que desejam alocar uma parte pequena do próprio patrimônio nessa classe de ativos. Portanto, provavelmente você fará investimentos diretamente, seja como anjo, seja por meio de plataformas. Ainda assim, esses conhecimentos são úteis a todos os tipos de investidores, afinal, estamos tratando de princípios gerais de funcionamento do mercado.

O modo como você vai investir depende do grau em que está disposto a se dedicar e do quanto quer usufruir da sua trajetória de investidor. Você pode tratar o investimento em startups como uma atividade meramente de alocação de patrimônio – como você talvez trate o restante dos seus investimentos –, como uma dedicação *part-time* paralela à sua atividade profissional ou até como a sua atividade principal. Quanto mais "mão na massa" for o formato que você escolher, mais tempo e energia você deverá dedicar a isso e, como contrapartida, mais vai aprender, se divertir e extrair da interação com o ecossistema.

CAPÍTULO 6

MONTANDO A SUA ESTRATÉGIA DE INVESTIMENTOS

Assim como uma banda tem diferentes instrumentos com papéis específicos que, quando tocados em conjunto, constroem uma música completa, com melodia, harmonia e ritmo, devemos enxergar o investimento em startups cumprindo uma função dentro da estratégia geral de gestão de patrimônio.

Da parcela de renda fixa, por exemplo, espera-se segurança e previsibilidade. Dos imóveis, espera-se preservação de valor. Da parte alocada em ações, aceita-se certa volatilidade buscando retornos maiores ao longo do tempo. A real diversificação, a grande regra de ouro dos investimentos, apenas é atingida ao enriquecer o patrimônio com essas diferentes características, naturezas de ativos, dinâmica de risco/retorno e liquidez e variáveis às quais cada ativo é sensível.

No que se refere ao assunto deste livro, um portfólio de startups tem características que, quando adicionadas a uma carteira abrangente de investimentos, caem como uma luva – provavelmente será a única parcela do seu patrimônio que é descorrelacionada com ativos tradicionais (reduzindo risco do portfólio) e que pode driblar os mercados eficientes de Eugene Fama* (aumentando o potencial de retorno).

* Conforme explicado no Capítulo 3, a teoria dos mercados eficientes, proposta por Eugene Fama, afirma que os preços dos ativos – especialmente os mais líquidos e amplamente acompanhados – refletem toda a informação disponível, tornando impossível

Pessoalmente, estruturo o meu patrimônio no formato chamado de estratégia *barbell*,* termo cunhado por Nassim Taleb que se refere à ideia de concentrar os investimentos em dois extremos: de um lado, ativos extremamente seguros (como títulos públicos, ouro, imóveis); do outro, ativos com potencial de multiplicar várias vezes, enquanto a perda máxima é limitada ao capital investido. O investimento em startups cumpre com maestria o papel do segundo extremo.

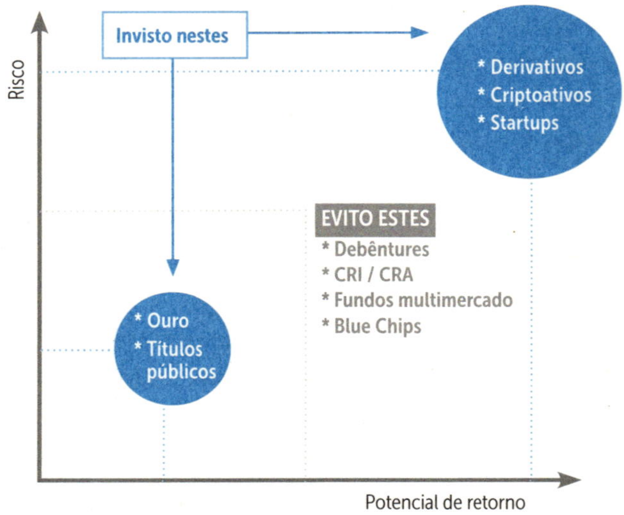

Após o entendimento da função que um portfólio de startups pode cumprir na sua estratégia geral de gestão de recursos, é preciso definir qual

---

obter retornos acima da média de modo consistente. No entanto, o investimento em startups escapa dessa lógica, pois ocorre em mercados privados, com pouca transparência e alta assimetria de informação. Isso permite que investidores bem conectados ou experientes identifiquem oportunidades que ainda não foram precificadas corretamente pelo mercado, abrindo espaço para retornos fora do padrão.

* *Barbell* se refere à barra que se utiliza em academias, nas quais são colocados pesos em ambos os extremos.

percentual do seu patrimônio será reservado para essa classe de ativos. Essa decisão é delicada, pois, ao alocar pouco capital, mesmo que você acerte, o impacto no seu patrimônio será pequeno demais para fazer diferença. Por outro lado, se alocar capital demais, corre o risco de uma sequência de resultados negativos prejudicar o seu patrimônio. Muitos investidores profissionais utilizam modelos matemáticos e cálculos atuariais para definir a composição percentual dos portfólios. Aqui, vamos dispensar grandes sofisticações e nos ater a parâmetros mais simples.

Sabemos que a composição de um portfólio deve considerar critérios do investidor, como idade, horizonte de planejamento, padrão de consumo e perfil de risco. A minha sugestão é que, sabendo que se trata de ativos de risco, você reserve um percentual mínimo de 1% e máximo de 15% para os seus investimentos em startups e pondere o valor exato com base nos critérios que citei antes.

Na minha visão, 5% é um número mágico, capaz de atender a todos os tipos de investidores. Porém, é bastante razoável imaginar uma pessoa jovem, bem integrada ao ecossistema de inovação, com pensamento de longo prazo, elevar esse percentual para 10%, talvez para 15% após alguns anos de experiência. Agora, se a sua idade, o seu horizonte de planejamento e o seu perfil pessoal levam você a ter uma abordagem mais conservadora, a minha sugestão é trabalhar abaixo dos 5%, tendo esse número como limite máximo.

Aqui, peço a sua atenção. No mercado de venture capital, a construção do portfólio é gradual. Diferentemente de outras classes de ativos, nas quais normalmente definimos um percentual de alocação e o executamos de uma vez, com startups é mais prudente distribuir os investimentos ao longo do tempo. O capital pode ficar alocado temporariamente em ativos líquidos e de baixo risco, como títulos de renda fixa, sendo direcionado às oportunidades conforme elas surgem e conforme você vai ganhando experiência no mercado. Para você ter uma ideia, a alocação completa do meu capital reservado a startups levou cerca de três anos.

Uma vez compreendidos o papel e o tamanho que o portfólio de startups terá diante do seu patrimônio, o próximo passo é entrar na estratégia de venture capital, definindo parâmetros como o número de ativos que vai compor o portfólio e qual será o cheque médio por startup. Para fazer essa definição, é preciso antes entender alguns princípios que regem a dinâmica desse mercado.

OS PRINCÍPIOS DO VENTURE CAPITAL

Ao investir em ações no mercado tradicional, um investidor pessoa física ou um fundo de investimentos deve montar um portfólio – ou seja, espalhar o capital em diferentes companhias. Tal investidor sabe que é inútil tentar adivinhar quais ações vão subir e quais vão cair, porém, espera que, no agregado dos retornos, as vencedoras compensem as perdedoras e que o portfólio como um todo dê retornos positivos.

No investimento em startups, ainda que a lógica de portfólio também se aplique, em vez de valorizações ou perdas de 10%, 20% ou 30%, como no caso das ações, é mais provável que os resultados estejam nos extremos: ou a startup vai quebrar, ou vai retornar dez, vinte ou trinta vezes o capital investido.

Um portfólio de ações segue uma distribuição normal de rentabilidades. Isso significa que, se calcularmos a média dos retornos e visualizarmos o retorno de cada ação individualmente, teremos uma distribuição com a tradicional curva de boca de sino. Ou seja, quanto mais próximo da média estivermos mais observações teremos para ambos os lados.

Os retornos do venture capital, entretanto, seguem uma distribuição que conhecemos como lei de potência, que tem esse nome por conta das equações exponenciais que descrevem matematicamente esse comportamento.

Com efeito, a lei de potência está presente em muito mais lugares do que imaginamos. Na economia, ela se manifesta na geração de riqueza:

enquanto a maior parte da população possui patrimônio próximo da média, um pequeno número de indivíduos altamente produtivos concentra uma parcela desproporcional da riqueza total. Nas cidades, a lei de potência se manifesta no tamanho da população: para cada São Paulo existem várias cidades do porte de Campinas e um número ainda maior de cidades do tamanho de Americana. Como resultado, cerca de 25% da população do estado estão concentrados em apenas uma cidade, enquanto as cem menores cidades de São Paulo, somadas, beiram os míseros 0,6%.[61]

O próprio uso da internet segue essa distribuição: enquanto a maioria dos sites recebe poucas visitas diárias, gigantes como Google e Facebook concentram bilhões de acessos. No Instagram, enquanto a maioria dos usuários tem algumas centenas de seguidores, um grupo seleto de influenciadores conta com dezenas de milhões. No YouTube, uma parcela minúscula dos canais é responsável pela maior parte das visualizações totais da plataforma. Da mesma maneira, no comércio eletrônico, a Amazon representa sozinha um percentual esmagador de todas as vendas on-line realizadas.

Não é coincidência que muitos desses exemplos envolvam tecnologia e internet. Em mercados digitais, nos quais o custo marginal é próximo de zero e existem fortes efeitos de rede, a lei de potência tende a se manifestar com ainda mais intensidade.

No mercado de ações, para gerar retornos positivos, é bem provável que você precise acertar mais vezes do que errar quais ações vão subir. Já no mercado de startups, você pode acertar apenas uma vez, errando todas as demais, e ainda assim ganhar muito dinheiro. Peter Thiel comenta que o investimento que fez no Facebook em 2005 gerou mais retornos para ele do que todos os demais investimentos combinados, e que a Palantir, o segundo melhor investimento, retornou mais do que todas as demais excluindo o Facebook.[62] Esse perfil de retornos faz parte da natureza do investimento em startups e, assim como nos fundos de venture capital, deve também se manifestar no seu portfólio.

Aliás, é importante que você entenda exatamente o que a lei de potência significa para você: que a maior parte dos seus investimentos dará errado; que você ganhará dinheiro em apenas algumas das startups que investir, enquanto todas as demais provavelmente deixarão de existir. Porém, nas que forem bem-sucedidas, você ganhará tanto dinheiro que vai compensar todas aquelas que levaram o seu investimento a zero e ainda gerar uma boa rentabilidade sobre o montante total investido nessa classe de ativos.

Você vai demorar para perceber os efeitos da lei de potência sobre o seu portfólio, porque apenas após alguns anos os seus investimentos começarão a demonstrar direções totalmente discrepantes. Como me disse Magnus Arantes, um investidor-anjo que eu muito admirava e que tristemente nos deixou de forma precoce: "No início, todas têm cara de joelho". Inicialmente, todos serão empreendedores sonhadores lutando para fazer o negócio dar certo. Com o tempo, algumas startups darão fortes indícios de serem as vencedoras, entrando no caminho de se tornarem grandes negócios, enquanto as demais lutarão para tentar ajustar teses que não se provarão corretas.

O problema é que as startups que não vão chegar lá começam a dar indícios desse destino antes das que serão bem-sucedidas. Por isso, você possivelmente vai perder dinheiro no início. Mas não se desespere: a falha sinaliza que você está assumindo um risco – e esse é o caminho correto quando investimos em startups. Se há algo que todos os mais bem-sucedidos investidores de startups têm em comum é uma extensa lista de fracassos.

Além da compreensão da lei de potência e dos efeitos práticos dela sobre uma carteira de investimentos em startups, outra variável importante a ser considerada de antemão é o seu perfil temporal. Se você tem pressa para ficar rico, investir em startups definitivamente não é para você. Desenvolver um produto, estruturar uma empresa ao redor dele e escalar as operações extraindo o máximo de potencial, mesmo na era digital, é um processo que leva tempo para ocorrer e dar resultado. E é por entender isso que fundos de venture capital normalmente têm prazos de dez anos para o ciclo completo.

Então, se você quer se tornar um investidor de startups, pondere fortemente a variável tempo: **o venture capital é o maior jogo de paciência do mercado**.

FORMATANDO A SUA ESTRATÉGIA

A história de Romero Rodrigues – que se tornou um dos principais investidores de startups do país após vender o Buscapé – serve como um alerta valioso sobre os riscos de abandonar um planejamento bem definido.

Ele montou uma estratégia disciplinada de investimentos que incluía um tamanho específico de cheque e critérios bem-definidos para a seleção de empresas. Porém, se viu seduzido pelo crescimento extraordinário do Lulu, um aplicativo que permitia que mulheres avaliassem homens pelo Facebook. O app estava crescendo em alta velocidade globalmente e atraindo a atenção de grandes fundos de venture capital, o que levou Romero a investir um valor quinze vezes maior do que o limite que havia estabelecido na tão bem montada estratégia.

O desfecho foi dramático: usuários masculinos descobriram que podiam se esconder do aplicativo simplesmente alterando o próprio gênero nas configurações do Facebook. A rede social então cortou o acesso ao aplicativo, uma vez que dados fidedignos dos usuários são essenciais para o direcionamento de anúncios, que por sua vez são a principal fonte de receita da companhia. Como consequência, o Lulu, que valia milhões de dólares, desapareceu praticamente da noite para o dia, levando consigo o valor investido por Romero.[63]

O primeiro passo da jornada de um investidor de startups começa como qualquer outra empreitada que se espera bem-sucedida: com um plano. No nosso caso, o plano se refere à montagem de uma **estratégia de investimentos**. Um exército que vai à guerra sem ter uma estratégia pode ganhar batalhas avassaladoras e ainda assim perder a guerra. Da mesma maneira, um investidor de startups, sem estratégia, mesmo que obtenha muito sucesso com um investimento específico, pode não gerar o impacto esperado sobre o patrimônio ou ainda correr riscos desnecessários pelo caminho.

O papel de uma estratégia bem construída é justamente este: aumentar o potencial de retorno enquanto mitiga o risco ao patrimônio. E faremos isso antes de analisar qualquer startup, apenas por meio da definição de parâmetros que formarão a estrutura do nosso portfólio de participações.

Antes de começar a detalhar os principais componentes de uma estratégia eficaz, é importante organizar as decisões que você precisará tomar ao montar o seu portfólio.

1. GRAU DE DIVERSIFICAÇÃO

É tentador acertar aquela empresa que será um unicórnio e concentrar nela todo o capital. Porém, sendo um investidor maduro de startups e tendo uma estratégia sólida de investimentos, você precisa ter facilidade em manter a humildade diante da incerteza e **montar um portfólio**.

Na sequência, deve definir quantas startups deverão compor o seu portfólio. No mercado de venture capital, há duas estratégias principais. A primeira, popularizada por investidores como David McLure, fundador da 500 Startups, e Ron Conway, do SV Angel, defende uma ampla diversificação. O raciocínio é matemático: se os retornos do venture capital seguem a lei de potência e o que realmente importa é capturar os poucos casos extremamente bem-sucedidos, quanto mais startups você tiver em carteira, maior será a probabilidade de estar posicionado nas grandes vencedoras. A 500 Startups, por exemplo, chegou a investir em mais de cem startups por ano no auge. Essa estratégia leva o bem-humorado nome de *spray and pray*, "espalhar e rezar", em tradução livre.

Do outro lado, há investidores que preferem um portfólio mais concentrado, argumentando que existe uma inevitável correlação inversa entre quantidade e qualidade. Para eles, como apenas um pequeno número de empresas terá performance extraordinária, o foco deve estar em uma análise minuciosa para identificar e conquistar espaço nessas raras oportunidades. O risco, segundo essa visão, é que, ao priorizar a diversificação, o investidor perca a capacidade de fazer uma análise profunda e, em consequência, deixe passar justamente as empresas com maior potencial de valorização. Peter Thiel é um dos defensores dessa visão.

Normalmente, o portfólio de um fundo que usa a segunda estratégia tem entre 15 e 25 ativos. Já eu gosto de manter o meu portfólio ainda mais concentrado. Diferentemente de uma ação na Bolsa, na qual a maioria dos investidores compra sem muita profundidade de análise, eu me aprofundo na análise das startups nas quais invisto. Em alguns casos, chego a acompanhá-las por anos antes de investir, auxiliando e dando mentorias até conhecer bem os empreendedores, os desafios e o produto. Outro motivo pelo qual procuro concentrar o meu portfólio é porque gosto de participar ativamente das minhas investidas.

Não estou sugerindo que você siga o meu exemplo. A estratégia que você escolher depende da sua preferência e de como você consegue encaixar a atividade de investidor na sua vida. No entanto, se você me permite uma sugestão, uma estratégia concentrada tende a fazer mais sentido. Isso porque, diferentemente de um fundo de venture capital, que tem uma equipe dedicada e acesso privilegiado a dezenas de oportunidades, o investidor pessoa física geralmente precisa conciliar essa atividade com o trabalho e a vida pessoal. Montar um portfólio muito amplo pode diluir a atenção e prejudicar a qualidade da análise. Imagine tentar acompanhar vinte startups ao mesmo tempo, mantendo contato com os fundadores, analisando métricas e potencial de mercado – tudo isso sem uma equipe ao lado.

2. NÚMERO DE RODADAS POR STARTUP

Ao investir em startups, você precisa decidir entre duas estratégias de alocação. A primeira consiste em fazer toda a aposta de uma vez e se tornar espectador nas rodadas subsequentes, aceitando diluições da sua participação.* A segunda estratégia envolve fazer um investimento inicial menor e reservar capital para participar das próximas rodadas, que são chamadas de *follow-on*.

A principal vantagem de reservar capital para *follow-on* é poder tomar decisões mais bem informadas. Ao acompanhar as startups por um tempo, fica mais fácil identificar quais delas demonstram maior potencial e quais times estão performando melhor. Isso permite aumentar a sua exposição nas empresas mais promissoras do seu portfólio.

Pessoalmente, sou adepto de reservar montantes significativos para *follow-on*, chegando a 50% do meu capital total destinado a startups. Embora nas rodadas subsequentes o valuation tenda a ser mais alto, o risco é proporcionalmente menor, pois nessa etapa a startup já deu sinais de que pode se tornar uma das vencedoras da lei de potência.

A minha experiência com a Digital Drive ilustra bem as diferentes possibilidades: após o aporte inicial, aumentei a minha participação com um novo cheque na primeira rodada subsequente; na seguinte, aloquei apenas o montante necessário para manter o meu percentual; na terceira, aceitei ser diluído e ter a minha participação percentual reduzida com a entrada de

* Esse mecanismo está muito bem explicado no Capítulo 12.

novos investidores, isso por já ter uma exposição significativa ali em relação ao meu portfólio.

3. TAMANHO DO CHEQUE

O cheque médio por startup é fruto de uma matemática simples baseada em parâmetros que já definimos: se o seu patrimônio é de 5 milhões de reais, por exemplo, e você definiu um percentual de 10% para venture capital, temos a tarefa de alocar um total de 500 mil reais nessa classe de ativos. Se você decidiu não reservar capital para *follow-on* e quer ter um portfólio com dez startups, então você fará cheques médios de 50 mil reais.

Você pode ponderar cada investimento pelo grau de convicção e risco apresentado: por exemplo, alocando 25 mil reais em uma e 75 mil reais em outra que você ache que tem mais chance de sucesso. Porém, procure ficar próximo ao valor médio, para não correr o risco de ter o mesmo destino do Romero e do investimento que ele fez no aplicativo Lulu, como comentei antes, já que isso pode desequilibrar o portfólio e concentrar risco excessivo em uma aposta isolada, mesmo quando há muita convicção envolvida.

4. LIDERAR OU COINVESTIR

Você pode começar buscando e selecionando as startups, negociando os termos e fazendo investimentos por conta própria. Mas há outra possibilidade a se considerar: existe uma técnica para selecionar investimentos que consiste em seguir investidores inteligentes, aproveitando as capacidades de seleção deles e de gerar dealflow.

Embora seja menos comum no Brasil do que nos Estados Unidos, essa estratégia já ocorre em algumas instâncias. Na Captable oferecíamos aos nossos clientes a possibilidade de coinvestir em rodadas lideradas por fundos de venture capital. Da mesma forma, eu abro aos meus amigos a chance de coinvestir comigo. E conheço outros investidores experientes que também fazem isso, como Fabio Póvoa (da Smart Money Ventures) e Amure Pinho (da Investidores.vc). Além disso, grupos de investimento-anjo seguem uma dinâmica próxima a essa.

Seguir investidores estabelecidos ajuda a mitigar os dois principais desafios de um iniciante: ter dealflow próprio e desenvolver confiança nas próprias análises. Em contrapartida, é comum que o líder da rodada cobre uma taxa sobre os eventuais lucros dos coinvestidores. Você pode adotar essa estratégia até se sentir preparado para liderar os próprios investimentos ou se manter flexível para tanto liderar quanto coinvestir, dependendo da oportunidade. Se você tiver interesse em coinvestir, a minha sugestão é que converse com startups, aceleradoras e demais participantes do ecossistema de inovação da sua região para identificar os investidores-anjo mais atuantes na área. Então, você entrará em contato com eles e manifestará o seu interesse em participar das rodadas que eles vierem a realizar.

Ao final, a sua estratégia de investimentos em startups deve se assemelhar a isto*:

- Total a investir: 500 mil reais.
- Número de ativos: dez startups.
- Total para os primeiros aportes em cada startup: 300 mil reais.
- Reserva para *follow-on*: 200 mil reais.
- Cheque inicial médio: 30 mil reais.
- Meios: plataformas de investimento e grupos de investimento-anjo.

Em uma empresa bem gerida, as decisões seguem uma hierarquia lógica: começa-se pela definição da estratégia, que depois é desdobrada em decisões táticas, as quais, por sua vez, orientam a atuação no nível operacional. Como investidores em startups, seguimos a mesma ideia. As decisões estratégicas que vimos neste capítulo servirão como moldura para, em seguida, construirmos o nosso nível tático, que é representado pela nossa **tese de investimentos**.

* Esses valores são apenas um exemplo e compõem a continuação da situação que citei na página 74.

CAPÍTULO 7

MONTANDO A SUA TESE DE INVESTIMENTOS

Imagine que você está com passagens compradas para visitar Londres, e agora chegou o momento de encontrar um hotel. Empolgado, você acessa um site de reservas e inicia a busca. A página carrega, e o número de resultados o deixa atordoado. Como você será capaz de olhar as mais de 4 mil opções disponíveis para escolher o hotel que melhor atende às suas necessidades e exigências?

Após os seus batimentos cardíacos voltarem à normalidade, você percebe que no lado esquerdo da sua tela há uma coluna chamada "Filtrar resultados por", com uma série de parâmetros para refinar a busca e deixar apenas os resultados que satisfazem os critérios que são importantes para você. Com isso, você determina um valor máximo por diária, informa que gostaria de um hotel cuja avaliação dos hóspedes supere a nota 8, que ofereça café da manhã, tenha academia e esteja localizado entre South Kensington, Paddington, Mayfair e Covent Garden.

Você suspira aliviado, pois agora as opções estão restritas aos hotéis nos quais você de fato poderia ter interesse em reservar um quarto, e a chance de conseguir sair satisfeito é muito maior.

Ao investir em startups, devemos passar por um processo similar. Antes de calçar os sapatos e sair porta afora para encontrar startups, precisamos de algum tipo de direcionamento. O universo de inovação é enorme, e existem startups para todos os gostos, nos mais variados mercados. Recomendo que todos os investidores dediquem tempo explorando diferentes mercados e tipos de investimento e ouvindo outros investidores e empreendedores, pois isso ajuda a construir a base de conhecimento. Porém, após certo ponto, para fazer boas decisões de investimento, precisamos entender o que estamos procurando e por quê.

Tal qual uma busca on-line por hotéis, uma tese de investimentos é basicamente uma série de convicções ou parâmetros que guiarão as suas escolhas. É um filtro que determina quais características uma startup deve ter para que seja elegível a um investimento seu. Se, após uma avaliação preliminar, a startup se enquadrar no seu filtro, ela está apta a fazer parte do seu portfólio, e por isso você dedicará o seu tempo aprofundando a sua análise.

Para ilustrar melhor, vamos a alguns parâmetros que podem compor a sua tese de investimentos.

1. ESTÁGIO

Embora existam investidores como o famoso fundo Accel Partners, que investem em variados estágios de desenvolvimento, a grande maioria escolhe um momento específico da trajetória das startups para fazer os aportes. A cada estágio de desenvolvimento, uma startup tem diferentes características, necessidades, desafios, bem como conjuntos variados de hipóteses a serem validadas, conforme vimos no Capítulo 4. Os investidores, por sua vez, escolhem quais conjuntos de desafios e de hipóteses estão dispostos a encarar junto ao empreendedor.

Os critérios que determinam o estágio das startups em que você vai investir são sobretudo o valor médio do seu cheque, o meio pelo qual você vai investir, o grau de interação e proximidade que você quer ter com o time e com os empreendedores, o seu nível de risco/retorno e as expertises que você tem e que podem ser úteis à companhia.

Eu me especializei em startups que estão entre as fases de MVP e refinamento, porque são os estágios em que consigo comprar uma participação relevante (considerando o meu tamanho de cheque), em que os desafios da startup estão mais alinhados com as minhas expertises e em que consigo ter proximidade para aprender com os empreendedores.

Leve em consideração que, se você decidir investir nas fases mais iniciais, a sua interação deverá ser mais próxima do empreendedor. Se você optar por investir nas rodadas seed em diante, provavelmente o fará por meio de grupos de investimento-anjo ou fundos de VC, o que deverá limitar o seu envolvimento a acompanhar indicadores e torcer de longe pelo sucesso das suas companhias.

2. SETORES

Você pode acreditar no potencial de desenvolvimento de determinados mercados – muitos investidores, por exemplo, focam *agrotechs* e *fintechs* por entenderem que o Brasil tem vocação natural para agronegócio e mercado financeiro. Também pode se concentrar em setores nos quais a sua experiência permita tanto selecionar melhor os ativos quanto oferecer conhecimentos e conexões para apoiar as suas investidas. Como consequência, você se torna um investidor mais valioso para as startups, capaz de contribuir com insights relevantes e conexões estratégicas, o que auxilia inclusive no mais difícil dos desafios que um investidor de startups encontra ao iniciar: gerar dealflow de qualidade. Não há uma startup do agro que não tenha passado pela SP Ventures, por exemplo, pelo fato de essa gestora de venture capital ter se especializado em *agrotechs*.

O trio Pedro Englert, Eduardo Glitz e Marcelo Maisonnave, que foram meus sócios na Captable e têm um histórico invejável de investimentos bem-sucedidos, decidiram focar esforços em *fintechs*, uma vez que têm carreiras predominantemente ligadas ao setor. Como resultado, eles raramente precisam procurar boas startups, pois são desejados pelas melhores *fintechs* do mercado.

Na minha tese, optei por não definir restrições em relação a esse item, pois a minha capacidade de contribuição está ligada a desafios que são comuns a empresas em crescimento de todos os mercados. Não é difícil encontrar muitos investidores e fundos que, assim como eu, se dizem "agnósticos" no que tange a setores.

3. MODELOS DE NEGÓCIO

Alguns investidores preferem focar determinados modelos de negócio. Essa especialização permite entender profundamente as métricas específicas de cada modelo, os desafios de monetização, as estratégias de crescimento que funcionam melhor e as armadilhas comuns a serem evitadas. Da minha parte, eu escolhi ser também agnóstico em termos de modelo de negócios, como você pode perceber pelo perfil das minhas investidas. Embora eu tenha certa preferência por SaaS e marketplaces, por acreditar que é onde eu consigo contribuir melhor em estratégias comerciais, não estou fechado a outros modelos.

4. TIPO DE CLIENTE

Startups B2C vendem direto ao consumidor final; startups B2B vendem para empresas. Há outros tipos de clientes, como B2B2C, C2C, B2G e P2P.* Porém, a decisão passa pelos mesmos critérios: a depender do tipo de cliente, o processo comercial tem uma dinâmica e um perfil de escala diferentes. No meu caso, evito B2G como um vegano foge de uma churrascaria e prefiro B2B a B2C – o que não me impediu de investir na Basic Club (B2C), pois a minha tese comporta ambos os tipos de cliente. A Trashin é um exemplo de startup B2B *enterprise* clássica, atendendo a grandes companhias, como Havaianas, Natura, Movida e Unimed.

5. GEOGRAFIA

Você faz questão de poder se reunir presencialmente com os seus empreendedores? Gostaria que o seu portfólio atuasse em uma região cujo comportamento do consumidor você conhece melhor? É natural que você acesse mais oportunidades de investimento na região onde mora.

Com exceção de uma, todas as minhas investidas são da minha cidade. Porém, recomendo que você não se restrinja geograficamente, até para expandir o seu leque de oportunidades. Conheço investidores-anjo brasileiros que investem em startups brasileiras, americanas, uruguaias e israelenses. Se eu tivesse a oportunidade, também teria todas essas bandeiras no meu portfólio. Restringir por geografia pode fazer algum sentido em lugares que

* B2B (Business to Business) são empresas que vendem para outras empresas. B2C (Business to Consumer) são empresas que vendem diretamente para consumidores finais. B2B2C (Business to Business to Consumer) são empresas que vendem para outras empresas que, por sua vez, revendem ou oferecem o produto/serviço para o consumidor final. C2C (Consumer to Consumer) são pessoas físicas que compram e vendem diretamente entre si, em geral via uma plataforma. B2G (Business to Government) são empresas que vendem para o setor público. P2P (Peer to Peer) são pessoas se conectam diretamente umas às outras para trocar bens, serviços ou dinheiro, em geral mediadas por uma plataforma.

têm *clusters** de inovação, como Vale do Silício, Israel, Londres e Xangai. Há algo diferente na cultura, no network e na facilidade de acessar investimento nesses lugares, e eu consigo entender investidores que restringem apostas a essas localidades.

6. TENDÊNCIAS E TECNOLOGIAS

Você pode focar tendências específicas que acredita que moldarão o futuro, como inteligência artificial, *blockchain* e sustentabilidade. Isso permite que você desenvolva expertise profunda em áreas emergentes.

Porém, não confunda esse critério com setores, uma vez que tecnologias e tendências são horizontais, podendo ser aplicadas nos mais variados contextos mercadológicos. Na Life Up, por exemplo, minha investida que aplica IA à saúde, o setor é "saúde", enquanto "IA" é a tecnologia.

7. *RED FLAGS*

A sua tese de investimentos também deve incluir características que você considera impeditivas – as chamadas *red flags*. Um *cap table* mal estruturado (falaremos mais sobre isso na sequência); formatos jurídicos específicos que você evita; startups fundadas por casais ou irmãos (já que conflitos pessoais podem contaminar decisões de negócio e tornar a governança mais complexa), embora existam exceções muito bem-sucedidas como Stripe, Canva e Nuvemshop; ou fundadores que não estão dedicados em tempo integral ao projeto são apenas alguns exemplos de *red flags* recorrentes entre investidores. Você não precisa incorporar todos esses critérios na sua tese – e pode incluir outros que considere relevantes com base na sua experiência e nos seus valores.

Peter Thiel tinha um exemplo curioso: "Verdadeiros empreendedores de tecnologia usam jeans e camiseta. Então estabelecemos uma regra absoluta: passar direto qualquer empresa cujos fundadores usavam terno para reuniões de pitch".[64] Embora possa parecer superficial, essa regra

* *Cluster* é um agrupamento de ativos, empresas ou setores com características semelhantes ou interdependentes, como localização geográfica, tecnologia ou modelo de negócio.

refletia uma compreensão profunda do perfil cultural que Thiel buscava nas investidas dele.

Ao final, a sua tese de investimentos deve se assemelhar a esta:

- Companhias em fase de MVP ou tração.
- Agnóstico em setor.
- Startups SaaS B2B.
- Empreendedores com experiência prévia no setor.
- Startups que apliquem IA.
- Empreendedores que trabalhem *full-time* na operação.

Mesmo após dez anos de mercado, tendo feito dezenas de investimentos e interagido com incontáveis startups e empreendedores, sigo testando, revisando e refinando a minha tese de investimentos. Sugiro que você encare a sua tese da mesma maneira: como um processo vivo e iterativo, sem uma linha de chegada.

Agora, é importante que você faça também o seguinte: acesse o meu site (www.guilhermeenck.com.br), faça o download do arquivo chamado "Plano de Investimentos" e o preencha. É um modelo completo para guiar você nas suas definições de estratégia e tese de investimentos. Com elas definidas e devidamente registradas, estamos prontos para ir adiante.

CAPÍTULO 8

ENCONTRANDO E INTERAGINDO COM STARTUPS

Como construir o seu dealflow e acessar as melhores oportunidades

Chegamos ao tão esperado momento de entrar no octógono*. Aqui, o nosso combate é estratégico: você contra as incertezas do mercado. Para esse embate, você está bem-preparado, mas, em vez de luvas e de um protetor bucal, que evita que os golpes machuquem os dentes, você está armado com a sua estratégia e a sua tese de investimentos, que serão o seu guia para garantir que você estará no caminho certo para montar um portfólio sólido.

O próximo passo é (finalmente!) encontrar startups para investir. Infelizmente não há um catálogo on-line no qual você pode definir alguns filtros (a sua tese) e encontrar todas as startups disponíveis da mesma forma que você faria ao procurar um hotel. Por isso, precisamos criar um processo para acessar essas startups candidatas a investimentos.

Nesse mercado, para se referir ao fluxo de oportunidades de investimento que chegam até nós, usamos o termo dealflow. Quando você começa a sua jornada como investidor-anjo, o primeiro dealflow que você recebe é, sendo honesto, bastante singelo e com qualidade questionável – isso se você tiver algum, dado que você ainda não é conhecido no mercado. Adicionar

---

* Arena octagonal popularizada como estrutura de lutas de MMA (artes marciais) organizadas pela Ultimate Fighting Championship (UFC), principal promotora de eventos desse esporte.

"investidor-anjo" ao seu perfil do LinkedIn certamente trará algumas oportunidades, mas serão majoritariamente startups desesperadas por capital e que já bateram em todas as outras portas.

Ainda assim, não se desanime: todo mundo começa como um *outsider* nessa indústria.

O SEGREDO POR TRÁS DE UM DEALFLOW VENCEDOR

Montar um dealflow vencedor é tão importante quanto as demais etapas do investimento. De nada adianta ter uma estratégia e uma tese bem-montadas e ser um especialista em avaliar startups se as melhores oportunidades não chegarem até você. Pode parecer que o desafio de um investidor é escolher as melhores startups entre todas as opções disponíveis, mas a realidade é mais complexa: **as melhores startups escolhem os investidores**, e não o contrário.

A Sequoia Capital é a Sequoia Capital* não porque tem uma capacidade extraordinária de separar o joio do trigo, e sim porque tem acesso aos melhores *deals* – e tem acesso aos melhores *deals* porque as melhores startups querem a Sequoia. Então, como criar um círculo virtuoso, como esse, para você?

Como disse o investidor Bob Bozeman, "se você apenas colocar uma placa escrita 'dinheiro', vai achar que tem dealflow porque todo mundo vai bater na sua porta. A realidade é que você precisa encontrar startups que não estão distraídas por placas que dizem 'dinheiro'".[65] As melhores companhias dificilmente têm problemas em levantar capital, e a única chance que você tem de participar dessas rodadas é ser convidado para a mesa pelos próprios empreendedores. Para isso, o grande segredo dos investidores que construíram um dealflow vencedor é **se tornar desejado pelas startups.** Faça elas procurarem você.

* Uma das mais tradicionais e celebradas gestoras de fundos de venture capital do mundo, fundada em 1972 por Don Valentine, em Menlo Park, Califórnia.

Para isso, é preciso criar a sua reputação e a sua marca pessoal de investidor. E você fará isso maximizando o valor que tem a oferecer. Vamos começar pelo mais simples: você tem alguma expertise técnica ou conhecimento de algum mercado que pode ser útil a uma startup? Se você é médico ou advogado, que tal considerar startups da área da Saúde ou do Direito? Será mais fácil usar os seus acessos, a sua reputação e os seus conhecimentos em favor da startup. Já se você é cientista de dados, publicitário, gestor de empresas, especialista da área comercial, você começará a deixar claro para o mercado que pode ajudar as suas investidas com essas capacidades.

Como já comentei, os meus ex-sócios Pedro, Marcelo e Glitz são procurados por *fintechs* por toda a experiência, o network e os conhecimentos que eles têm nesse meio. Com as startups em que eu invisto, o início do relacionamento ocorreu da mesma forma: fui procurado para ajudá-las, pois viram valor no que eu poderia agregar.

O Fabrício, do Oak's, me procurou para auxiliar a montar uma estratégia de crescimento com base em captação de recursos com a própria comunidade de clientes e fãs. O Thiago e o Cadu, da Basic Club, marca digital de roupas básicas, vieram atrás dos meus inputs sobre estratégia empresarial e construção de marca. O Victor, fundador da Digital Drive, me acessou para ajudá-lo a modelar o MVP e fazer as validações iniciais de negócio. Para o Gabriel, da Life Up, dei um apoio mais abrangente, desde modelagem de negócios até estruturação de máquina de vendas. Não que eu seja um especialista nessas áreas, mas as experiências que tive com as empresas que construí foram suficientes para que esses empreendedores se sentissem apoiados.

Então, faça uma autoavaliação honesta e pense no que você tem a oferecer, atentando para não incorrer em sobrevalorizações; afinal, não basta que você perceba valor na sua expertise – quem precisa perceber valor é o empreendedor. Cansei de ver advogados acreditando que os conhecimentos que tinham em LGPD* seriam o suficiente para convencer uma startup a oferecer

* Lei Geral de Proteção de Dados. É a lei que regula o tratamento de dados pessoais. Para empresas tech, a LGPD é essencial, porque protege os dados dos usuários, evita multas pesadas e melhora a confiança do público.

acesso ao valioso *equity* dela. Se você não tem nenhum conhecimento que acredite ser útil, não fique chateado. Você tem a chance de escolher um tema e se dedicar a se tornar um grande especialista nele.

Se, por exemplo, você estudar metodologias de vendas, *customer success* (CS) ou aplicação de IA, será valiosíssimo para muitas startups. Pense em alguma expertise que preencha três requisitos: 1) que você goste; 2) que tenha valor para startups de modo geral; e 3) para a qual seja difícil encontrar outros especialistas.*

Uma vez que você começar a construir uma reputação positiva no ecossistema e a demonstrar que pode agregar valor além do capital, as portas começarão a se abrir, e os empreendedores começarão a chegar até você.

ONDE ENCONTRAR STARTUPS

Eventos de inovação sempre têm uma área reservada a stands de startups. Outros eventos em que você pode ficar ligado são *demodays* de aceleradoras – apresentações finais de programas de aceleração, em que startups mostram avanços a investidores, e competições de pitch, nas quais empreendedores apresentam rapidamente as ideias para avaliação de jurados e investidores. Em um único dia, você pode conhecer dezenas de startups e conversar com os fundadores delas. A dinâmica é particularmente interessante: em poucos minutos, você escuta o pitch, vê o produto funcionando e faz perguntas iniciais. Se gostar, pode aprofundar a conversa. Se não gostar, pode educadamente seguir adiante.

Eu realmente acredito que ir a eventos presenciais é a melhor maneira de iniciar. Assim, além de conhecer startups, você absorve a cultura do ecossistema, monta o seu network e constrói tanto a sua reputação quanto a sua marca pessoal. Nesse ponto, é fundamental ter o seu próprio "pitch de investidor" preparado. Considere montar um discurso curto, de trinta segundos, destacando quem você é, o que está buscando como investidor e como pode

* No meu site existem algumas sugestões de temas, e lá fiz uma curadoria de conteúdo para você. Acesse pelo QR Code na página 157.

contribuir com as startups. Isso facilita a conexão nos eventos e transmite clareza de propósito – afinal, você também está se vendendo para a startup.

Durante anos, utilizei uma abordagem que funcionava muito bem. Após fazer uma série de perguntas para entender bem o negócio, eu tomava a palavra para me apresentar: "Meu nome é Guilherme Enck, sou fundador da Captable, a maior plataforma de investimentos em startups do Brasil, e já ajudei mais de uma centena de startups a se desenvolverem. Também faço investimentos como anjo. Gostei muito da sua startup. Podemos trocar contatos para eu acompanhar a trajetória de vocês? Quando forem captar, eu gostaria de avaliar a possibilidade de fazer um cheque". Essa abordagem clara e direta geralmente resultava em um contato dos empreendedores nos dias seguintes e o início de um fluxo de envio periódico de informações. Assim, eu ganhava tempo para conhecer a startup, os empreendedores e a capacidade deles de execução. Na hora de falar sobre investimento, tudo ficava mais fácil, e muitas vezes eu já tinha tomado a minha decisão antes mesmo de olhar os números de modo mais aprofundado.

Outra maneira eficaz de iniciar a sua atuação é dando mentorias gratuitas sobre temas específicos. Assim você constrói reputação como especialista no assunto. Porém, não saia oferecendo a sua mentoria como se fosse um produto. O valor percebido cresce quando a ajuda é personalizada a partir da escuta ativa das dores do empreendedor, então pergunte quais são os principais desafios dele e ofereça uma reunião para que você possa ajudar com algum dos desafios que ele mencionar.

Um exemplo para você se inspirar: "Entendi que um dos seus desafios é captar recursos. Como fundador da Captable, me especializei em ajudar empresas a levantar capital e tenho excelente relacionamento com investidores de todos os tipos. Se você achar interessante, posso lhe dar algumas dicas de como estruturar uma rodada de captação". Não peça nada em troca, apenas faça a sua parte. Em algum tempo, o mercado vai retribuir com a reputação e o dealflow que você deseja.

Construir relacionamentos com outros investidores-anjo também é fundamental. Muitos estão dispostos a compartilhar *deals* e fazer coinvestimentos, especialmente se você tiver capacidades complementares para oferecer. É fácil encontrá-los em eventos de inovação e de aceleradoras e em grupos de investimento-anjo. É a hora de dar, antes de receber. Pergunte se há interesse de que você compartilhe com eles o seu dealflow. Mostre as suas anotações e a sua avaliação da startup em que você vai investir. Diga a eles que, se acharem válido participar com você da rodada, são bem-vindos. Uma rede bem montada de parceiros pode ser uma poderosa fonte de originação de startups.

Já investir mediante plataformas é um modo de você eliminar a necessidade de gerar o seu próprio dealflow e pode ser uma porta de entrada mais acessível enquanto você ainda desenvolve a sua capacidade de análise. Você pode investir em startups validadas com base nos critérios de seleção de cada plataforma e tem a chance de coinvestir com fundos e investidores mais experientes. Porém, além de ser necessário confiar no grau de diligência da plataforma, você não estará montando uma marca pessoal de investidor e um dealflow próprio. O investimento por meio de grupos de investimento-anjo pode ser um bom meio-termo. Dependendo das políticas do grupo, você pode ter acesso mais próximo à startup para fazer a própria análise, aproveitando o dealflow gerado pelo grupo enquanto ainda não tem o seu.

INDO PARA REUNIÕES DE INVESTIMENTO

A startup avisa que está captando uma rodada, então vocês marcam uma reunião para o empreendedor fazer o pitch. Você escuta com atenção o discurso cuidadosamente preparado para tentar seduzi-lo. O empreendedor apresenta uma visão otimista do histórico da startup, dos produtos, dos números conquistados, da trajetória dos fundadores, do tamanho do mercado e das projeções – tudo para mostrar que o sucesso é inevitável.

Então começa a sua parte. Você deve fazer notas durante a apresentação, e pode começar as perguntas por esses pontos. Além disso, deve desenvolver um roteiro para as reuniões, com perguntas que sejam importantes para a sua análise (não se preocupe: trabalharemos nisso no próximo capítulo). Comece com questões mais gerais e vá afunilando para tópicos cada vez mais específicos. Esse formato ajuda a descobrir a realidade por trás dos números apresentados e ajuda a estabelecer um ritmo natural de conversa, em vez de parecer um interrogatório.

- "Como você avalia que está indo o negócio?"
- "Quantos clientes vocês têm?"
- "Interessante, 12 mil clientes. Isso é mensal ou acumulado?"
- "E qual é o ticket médio?"

Por exemplo: com essas perguntas, você rapidamente consegue calcular de forma aproximada a receita da startup multiplicando os 12 mil clientes pelo ticket médio. Se esse número não bater com o valor de receita apresentado no pitch, você encontrou uma inconsistência e pode aprofundar esse ponto. O empreendedor possivelmente dirá que esses 12 mil não são "exatamente clientes", pois para compor esse número ele também considerou os cadastrados no site, mesmo que ainda não tenham comprado nada.

Não estou acusando os empreendedores de serem mentirosos, mas é um fato que eles apresentam os números da forma que mais os favorece – afinal, eles querem o seu dinheiro, e estão no legítimo papel de tentar convencer você. No entanto, às vezes, esses artifícios podem esconder verdades que distorcem a avaliação. Cabe a você investigar a fundo todas as alegações do empreendedor e ter certeza de que tem uma visão fidedigna e clara da startup.

Ao entrevistar uma startup, sempre começo perguntando por que o empreendedor acredita ser o momento de captar recursos. Levantar dinheiro é sempre a forma mais fácil de resolver os problemas – ou de empurrá-los para baixo do tapete. A partir dessa resposta, passo a questionar as premissas: Você está me dizendo que o seu desafio é vender mais? Como mais dinheiro resolveria isso? Colocando mais gente no comercial? Como estão indo os atuais vendedores? Não estão conseguindo vender para ninguém? Então não seria melhor entender o porquê?

Eventualmente o produto não está bom o suficiente, o preço está alto, o processo comercial foi mal desenhado ou a persona foi mal definida. Não seria melhor olhar para isso, antes de contratar mais vendedores e replicar um processo que não funciona? Se eu tivesse investido nessa startup hipotética, seria grande a chance de o empreendedor simplesmente queimar o meu dinheiro sem obter resultados. Para uma startup que não precisa de dinheiro, colocar dinheiro é a pior coisa que você pode fazer.

Agora, você precisa respeitar a seguinte regra: nunca diga "sim" na primeira reunião. Todo empreendedor é um defensor apaixonado do próprio produto e especialista em capturar o seu emocional. Tome distância, revise as suas anotações, peça a opinião de outras pessoas, envie novas perguntas ao empreendedor, tire alguns dias para refletir. É comum, especialmente em startups que passaram por aceleradoras famosas, o empreendedor criar um senso de urgência artificial dizendo que outros investidores também estão avaliando o investimento e que, se você não decidir até determinada data, ele terá de fechar com os outros. Se você já comprou um imóvel e interagiu com corretores e imobiliárias, esse artifício não deve ser novidade para você.

Há outra malandragem para a qual você deve estar preparado. Na Captable, recebi uma ligação de um amigo, gestor de um fundo de venture capital, perguntando sobre uma startup em que ele estava avaliando investir. O fundador dessa startup teria dito que havia sido aprovado para receber um aporte pela Captable. De fato, a companhia em questão estava passando pelo nosso processo de análise, mas ainda não havíamos tomado nenhuma decisão. O empreendedor não imaginava que éramos amigos e que a verdade apareceria tão facilmente.

Verifique sempre as alegações – e, quando possível, confirme com as fontes mencionadas, pois empreendedores com frequência usam nomes de investidores de boa reputação, fundos e outras instituições para tentar agregar credibilidade e prova social à empresa. Além de permanecer atento a essas iniciativas, você pode extrair como um aprendizado dessa história o fato de que, invariavelmente, o mercado se conversa e as verdades aparecem.

COLETANDO INFORMAÇÕES

A sua análise não deve se limitar às reuniões com os empreendedores. Você precisa buscar informações em múltiplas fontes para construir uma visão completa do negócio, até mesmo para evitar cair em golpes. É muito fácil montar um site, um pitch *deck* e captar dinheiro sem que exista de fato uma empresa – pesquise sobre o caso da Theranos e você entenderá.

Primeiramente, peça o pitch *deck* da startup ao empreendedor. Toda startup que está captando precisa ter um, e provavelmente será a mesma apresentação que o empreendedor usou na reunião com você. Pode parecer óbvio, mas você deve pesquisar a startup on-line e verificar o site, os perfis nas redes sociais e quaisquer notícias veiculadas na mídia sobre ela. Quanto mais fontes de verificação, melhor.

Em seguida, você pode testar o produto, porque essa é uma das formas mais efetivas de entender a proposta de valor e atestar que o produto de fato existe e funciona. Se possível, torne-se cliente e faça a jornada completa do usuário. O empreendedor não deverá ter problemas em lhe dar o acesso se você deixar claro que isso faz parte do seu processo de análise.

Quando avaliei a Digital Drive, por exemplo, eu casualmente estava querendo comprar um carro e aproveitei para fazer toda a jornada do usuário. Conversei com funcionários das concessionárias sobre a plataforma sem revelar a minha intenção, e assim recebi respostas sinceras e reveladoras. Na Life Up, fiz todo o processo de mapeamento da minha saúde e observei como a enfermeira do laboratório operava o sistema.

Então, peça ao empreendedor o contato de alguns clientes e os entreviste. Entenda o valor que eles percebem no produto. Se a startup ainda não está no mercado, converse com potenciais usuários para entender o tamanho da dor deles e o quanto a solução proposta poderia ser útil. Uma abordagem particularmente interessante é a do investidor Mike Crill: em vez de passar semanas checando referências, ele dedica uma semana tentando efetivamente vender o produto, como se fosse um funcionário do time comercial da startup.[66] Essa abordagem exige tempo e disposição, mas quanto mais ângulos você conseguir explorar, mais completa será a sua análise.

A ARTE DE DIZER "NÃO"

Como investidor, você dirá "não" com muito mais frequência do que "sim" – algo em torno de um "sim" para cada vinte e cinco a cinquenta startups que você analisa. É uma experiência nova para a maioria das pessoas, e muitos investidores acabam desenvolvendo maus hábitos, como deixar empreendedores pendurados com respostas vagas do tipo "vamos manter o diálogo".

Você precisa ser direto e respeitar o tempo e a expectativa do empreendedor. Se você não vai investir, diga apenas que a startup não está encaixada na sua tese de investimentos. Se ela estiver dentro da sua tese, mas você não gostou do empreendedor ou da startup, deseje sucesso e diga que seguirá procurando outras oportunidades. O importante é que o empreendedor saiba que você está fora e não alimente expectativas.*

* Na página "Recursos" do meu site, você encontra um modelo para desenvolver a sua marca de investidor (no documento "Plano de Investimentos"), bem como um roteiro de reunião e de análise de startups. Acesse pelo QR Code na página 157.

CAPÍTULO 9

ANALISANDO STARTUPS • PARTE 1

Arte e ciência: o método de avaliação

David Cohen, um dos investidores mais respeitados do Vale do Silício, conta que o investimento que fez na Uber nos estágios iniciais aconteceu após uma conversa de vinte minutos tomando cerveja com Ryan Graves, sócio do aplicativo. "Gostava muito do Ryan, amei o conceito do negócio, e o valuation estava razoável. Eu disse 'quero entrar', pedi um dia ou dois para fazer algumas verificações sobre ele, e foi isso. A rodada aconteceu em algumas semanas".[67]

Nem sempre será tão simples assim. A análise de startups é simultaneamente arte e ciência, e fazer boas escolhas depende tanto da qualidade da sua metodologia de análise quanto do seu feeling de negócios – além de um forte componente de sorte. Esta última, até que se prove o contrário, está fora do nosso círculo de influência, por isso concentraremos os nossos esforços nas demais.

Imagino que não seja necessário explicar a importância de fazer uma análise bem-feita da startup. Essa é uma classe de ativos ilíquida, o que significa que, após investir, não há mais volta. Você estará dentro do jogo, quase casado com os empreendedores e sujeito ao destino que a companhia tiver.

Então, preciso que você entenda o nosso objetivo neste capítulo. Não vou lhe entregar um polinômio ou uma equação de regressão que, ao imputar as variáveis, vai retornar o resultado. Não é assim que funciona o investimento em startups. Alguns investidores procuram ser mais objetivos na avaliação dos critérios e têm uma visão mais normativa e algorítmica. Outros, a exemplo de David Cohen, consideram essa abordagem uma sofisticação desnecessária e contraproducente. Fundos, de forma geral, tendem a dar uma roupagem mais científica às análises, entre outros fatores, porque investem o capital de terceiros, e isso os ajuda a defender as decisões perante os cotistas. Investidores-anjo, por investirem capital próprio, têm mais liberdade para seguirem as próprias convicções e intuição.

É sempre tentador acreditar que a abordagem mais científica tem maiores chances de sucesso. A verdade é que, até hoje, não tenho elementos para defender que uma metodologia que busca racionalizar o processo, ao estilo *Moneyball*,* realmente funcione melhor para selecionar startups. Análises frias, baseadas em números e projeções, não conseguem capturar uma série de nuances subjetivas que podem ser determinantes nesse mercado. Por isso, a qualidade da seleção dos mais bem-sucedidos praticantes de venture capital está na cabeça dos investidores, e não em um processo lógico-matemático de análise. Bob Bozeman comenta: "Há um debate entre 'investir pela visão' e 'investir por métricas'. Se você fica mais confortável investindo por meio de métricas, não faça investimento-anjo".[68]

Por conta disso, a metodologia de análise que vamos trabalhar neste livro foi desenvolvida buscando um equilíbrio entre as duas abordagens. Buscaremos um entendimento profundo sobre a companhia, o mercado e tudo que envolve o potencial de sucesso e os riscos associados ao investimento em questão, usando todas essas informações para subsidiar as percepções e a sua avaliação subjetiva de investidor.

Nas próximas páginas, vou compartilhar ferramentas para guiá-lo nesse processo. Preciso apenas que você entenda que esta é uma breve introdução, até mesmo superficial, a um assunto inevitavelmente extenso – lembre-se de que esta obra se propõe a ser um guia geral sobre investimentos em startups.**

---

* Livro (e, posteriormente, filme) no qual um treinador de beisebol cria um forte time baseado em análises estatísticas sofisticadas. O filme foi lançado no Brasil com o título *O homem que mudou o jogo*, em 2012.

** Aqui entre nós, tenho planos de escrever um livro inteiro sobre a análise dessas companhias, não obstante a resistência das minhas editoras, que estão seguras de que as vendas não seriam sequer suficientes para fazer frente ao custo das cápsulas de

O MÉTODO: COMO ESTRUTURAR A ANÁLISE

A estrutura do seu processo de análise será composta de dois documentos. O primeiro deles é o **relatório de análise**, e você deve fazer um para cada startup que decidir analisar mais a fundo. De forma simples, esse documento é uma descrição da startup em relação a cada um dos critérios de análise que serão tratados no próximo capítulo. Você deve revisar as anotações das reuniões com o empreendedor, buscar informações de outras fontes, conversar com outras pessoas e alimentar esse arquivo, colocando também as suas opiniões e impressões.

O segundo documento é aquele que tem como objetivo provocar certa racionalidade na decisão. Há dois sistemas bastante usuais para tanto: *scorecards* e memorandos de investimento. Alguns investidores gostam de *scorecards* pela objetividade, pois neles são listados critérios, são atribuídas notas de como avalia a startup em relação a cada um deles, e chega-se a uma pontuação final. Na Captable, o nosso time de análise utilizava esse modelo, que pode ser útil especialmente quando se está começando e há necessidade de um guia mais estruturado. Por mais que ele se pareça com o tal "polinômio" – referência que fiz anteriormente ao uso exagerado de fórmulas matemáticas para decisões complexas – pela camada numérica, há uma camada anterior bastante carregada de subjetividade, que é a atribuição de notas a cada um dos critérios. Além disso, já participei como jurado de inúmeras bancas de avaliação de startups que usavam *scorecards* e percebi que existe uma tendência forte de a startup em estágios mais avançados acabar levando as melhores notas.

Se você quiser fazer um *scorecard*, fique à vontade. Pessoalmente, prefiro o formato de memorando de investimentos. A razão é simples: ele força você a explicar o seu racional. Pergunte a qualquer professor qual tipo de prova

---

Nespresso consumidas durante a revisão do texto. Enquanto não declaramos o vencedor do argumento, asseguro que estes capítulos que você está lendo vão ao menos lhe dar ferramentas para dar os primeiros passos com eficácia. Isso é um fato!

possibilita avaliar melhor os conhecimentos de um aluno: uma com questões de múltipla escolha ou uma com questões dissertativas? Aposto que você invariavelmente escutará que o segundo formato é muito mais efetivo.

Quando você precisa articular por escrito o porquê de acreditar que uma startup será bem-sucedida, as suas premissas ficam mais claras – e as suas falhas de raciocínio também. Afinal, se não há uma linha de raciocínio consistente, você não conseguirá fazer o seu texto ter um encadeamento lógico de ideias. Às vezes, ao reler criticamente o meu próprio memorando, percebo que estou apenas tentando encontrar justificativas racionais para um investimento que já decidi emocionalmente que quero fazer.

O **memorando de investimento** funciona assim: após o preenchimento do relatório de análise, para cada startup que você selecionar, escreva um texto explicando por que está investindo, quais são os riscos envolvidos e o que precisa dar certo para o investimento trazer retorno. Alguns preferem usar um modelo predefinido para o memorando. Eu gosto de escrever em texto livre, pois isso força a construção de um argumento coerente.

Após escrever o memorando, releia-o e desafie as suas premissas. Afinal, o fato de algo ter lógica não garante que seja verdadeiro. Exemplificando: se você afirmar que os clientes adoram o produto da startup, volte ao relatório de análise e revise as informações que o levaram a essa conclusão. Em alguns momentos, você se verá dando uma leve distorcida nos fatos para subsidiar a sua crença.*

CUIDADOS INICIAIS

Antes de abordarmos os critérios a serem avaliados, é muito importante que você mantenha em mente que os aspectos que deve analisar em uma startup – e o peso que dá para cada um – variam significativamente de acordo com o estágio de desenvolvimento dela. Conforme tratamos no Capítulo 4,

* No meu site, baixe os modelos de relatório de análise e de memorando de investimentos para enxergar de forma mais tangível os conceitos deste capítulo. Acesse pelo QR Code na página 157.

a cada etapa um novo conjunto de hipóteses é validado, e são os resultados dessa etapa que importam na análise. Além disso, à medida que a startup avança, há critérios que ganham e perdem peso por conta da relevância que terão nas próximas etapas.

Nas fases de ideação e MVP, quando ainda há pouca evidência concreta para analisar, o seu foco deve estar no time e na visão dos fundadores. São eles que determinam o destino da startup, então você precisa avaliar a capacidade de executar a visão proposta e validar se a solução de fato resolve o problema identificado. Os primeiros sinais de PMF são importantes, mas ainda são evidências preliminares.

Na fase de tração e refinamento, você passa a ter dados concretos para analisar. Se a empresa está atraindo e retendo clientes com sucesso, já não há motivos para ter dúvidas se o problema existe e se a solução de fato o está resolvendo. Aqui o principal é entender se a startup tem um modelo de negócios repetível e escalável – ou seja, passível de aumentar as receitas independentemente das despesas. Os fundadores e o time continuam sendo fatores essenciais, e nessa etapa você inclusive tem mais elementos para avaliá-los a partir da capacidade que eles demonstraram de executar a sua visão até o momento.

Já na fase de escala, você deve começar a olhar ainda mais para números e métricas: a eficiência do modelo comercial e da estratégia de aquisição de clientes, bem como *unit economics* como indicador de potencial de crescimento acelerado. Adicionalmente importante é a capacidade de atrair talentos e montar times de alta performance.

Se você não considerar essa dinâmica e deixar de adaptar o peso e a aplicabilidade dos critérios do próximo capítulo conforme o estágio, as suas análises não serão eficientes. Preste atenção especial a esse ponto ao fazer as suas primeiras incursões no mercado.

Seguindo esse mesmo raciocínio, não faz sentido um investidor exigir resultados de uma fase que a startup ainda não atingiu. Se a startup ainda está na fase de MVP, por exemplo, o foco está no desenvolvimento de produto, portanto você não deve cobrar que o empreendedor tenha uma estratégia comercial bem-desenhada ou que dedique esforços para criar linhas de receita complementares. Lembre-se: os desafios de criar uma empresa são infinitos, enquanto os recursos são extremamente escassos. Se você optou por ser investidor-anjo e investir no *early stage*, estará investindo em empresas que terão muitas tarefas por fazer e terão de fazer escolhas do que priorizar e quais pontas soltas deixar.

Enquanto a identificação do estágio em que a startup se encontra – e dos desafios associados a tal fase – é de suma importância para moldar corretamente a sua análise, saiba que dificilmente o empreendedor vai dizer em qual etapa ele está. Em muitos casos, essa estrutura teórica de fases bem-definidas, quando colocada em prática, acaba ficando mais fluida e menos compartimentada. Por isso, você deve se responsabilizar por fazer a leitura correta.

CAPÍTULO 10

ANALISANDO STARTUPS • PARTE 2

Os critérios de análise

Agora que já temos definida a metodologia de análise, va-mos observar de modo objetivo os quatro temas que devem ser avaliados e incluídos no seu relatório de análise e no seu memorando de investimentos. Essa etapa é essencial para transformar percepções subjetivas em argumentos concretos e comparáveis, tornando as suas escolhas mais racionais e menos impulsivas.

1. OS FUNDAMENTOS – PROBLEMA, SOLUÇÃO E MODELO DE NEGÓCIOS

A primeira e mais importante pergunta que devemos fazer é se a startup está de fato gerando valor a alguém. Embora não seja a única, a forma mais simples de fazer essa verificação é atestar que ela resolve um problema real. Às vezes, um problema pode parecer muito simples de compreender e ainda assim não ser tão significativo para quem o sente – é apenas um pequeno inconveniente. Entretanto, é necessário que seja incômodo o suficiente para que as pessoas abram a carteira e paguem por uma solução. Quanto mais doer, mais propensos os clientes estarão em consumir algo que faça essa dor ir embora. É muito mais fácil vender um remédio do que uma vitamina.

Por vezes, entender o grau da dor depende de uma avaliação um pouco mais profunda. Quando avaliei a Digital Drive, o problema parecia superficial. Porém, dediquei um tempo a conversar com algumas pessoas que haviam comprado carros zero-quilômetro recentemente e descobri uma dor intensa e generalizada. O cliente enfrenta uma jornada repleta de inseguranças ao fazer um investimento tão significativo: precisa visitar várias concessionárias e negociar exaustivamente com vendedores que não estão na melhor posição de incentivos para orientar de modo imparcial. Insatisfeitos com essa jornada tradicional, os compradores não tinham alternativa, dado que plataformas como Webmotors e iCarros focavam usados e seminovos, que seguem uma dinâmica completamente diferente. Assim, os compradores de carros zero continuavam presos a um processo trabalhoso, estressante e que sempre terminava com a dúvida: será que fiz um bom negócio?

As perguntas fundamentais a se fazer nesse momento são:

- Quem sente esse problema?
- Quão intenso é o problema para essas pessoas?
- Com que frequência o problema impacta a vida delas?
- É intenso e frequente o suficiente para que paguem por uma solução?

Após fazer o diagnóstico do problema, o próximo passo é entender a solução proposta. Um startup apenas crescerá em alta velocidade se a solução proposta for tão superior à alternativa que torne a decisão de consumo uma obviedade. O Spotify é novamente um exemplo perfeito: nós o adotamos massivamente porque ele é milhares de vezes mais fácil, mais barato e mais eficiente do que comprar CDs ou baixar músicas da internet.

Em fases anteriores à tração, você precisará fazer as próprias validações de produto. Os melhores sinais vêm de respostas enfáticas dos usuários:

- "Esse produto me economiza X horas por dia!"
- "Não consigo mais imaginar o meu trabalho sem isso!"
- "Finalmente alguém resolveu esse problema!"

A vida do investidor fica mais fácil quando a startup já tem clientes e está tracionando – não há validação mais poderosa do que pessoas dispostas a pagar pelo produto de forma contínua e crescente. Porém, identificar um problema real e uma solução efetiva é apenas o começo. A questão fundamental é se é possível ganhar dinheiro a partir dessa relação: existe um modelo de negócios viável para monetizar a solução de modo repetível e escalável?

Aqui encontramos um aparente paradoxo: Peter Thiel defende que uma boa startup deve ter potencial de escala embutido no primeiro design,[69] enquanto Paul Graham argumenta que é importante "fazer coisas que não escalam" nos primeiros passos.[70] Na prática, essas visões são complementares. A arquitetura do negócio deve contemplar escalabilidade futura, mas a execução inicial frequentemente exige processos não escaláveis para validar hipóteses e conquistar os primeiros clientes. O importante é distinguir limitações temporárias (que podem ser resolvidas com tecnologia e processos) de limitações estruturais do modelo de negócios.

Empreendedores que pulam essas etapas de definição do problema e desenho da solução e do modelo de negócios geralmente acabam desperdiçando tempo e dinheiro, desenvolvendo startups que ou não são viáveis economicamente, ou não têm demanda real de mercado.

2. MERCADO E COMPETIÇÃO

Mesmo que uma startup tenha uma proposta de valor convincente, a capacidade de crescimento dela depende fundamentalmente do tamanho do mercado. Há uma discussão interessante aqui também. É muito comum, no mundo do venture capital, que fundos famosos e bem-sucedidos incorporem nas próprias teses de investimento que, para investirem em uma startup, é pré-requisito que o mercado seja realmente grande.

O argumento é que um mercado pequeno atribui um teto de crescimento à startup. Por conta disso, você verá com recorrência empreendedores mostrando números astronômicos de mercado e escutará a frase: "Se tomarmos apenas 1% desse mercado, já seremos gigantes!". Nesses casos há duas possibilidades: ou a startup não tem um grande diferencial e considera natural que os concorrentes continuem a deter 99% de fatia, ou o empreendedor não estratificou os dados pelo real mercado-alvo – por exemplo, uma startup de software de gestão de lavouras usando o dado de tamanho do mercado do agro em vez de considerar o mercado específico de fazendas para as quais a solução de fato teria valor.

Na minha opinião, por trás desse raciocínio de que o mercado deve ser grande desde o início está a premissa equivocada de que o segmento de atuação da startup é fixo e que, uma vez escolhido, não poderá mudar e nem mesmo atacar outros em paralelo. Tenho mais apreço pela visão de Peter Thiel. Para ele, o mercado inicial deve ser pequeno e específico: "O mercado-alvo perfeito para uma startup é um pequeno grupo de pessoas específicas, concentradas e atendidas por poucos ou nenhum competidor".[71] Assim fica muito mais fácil entender se proposta de valor da startup de fato traciona no mercado, porque, após atender a esse pequeno grupo de pessoas para quem a solução da startup tem muito valor e então dominar tal nicho, ela pode expandir para mercados adjacentes.

Empreendedores dirão que não têm concorrentes. Entretanto, concorrente não é apenas quem entrega a mesma solução, e sim quem tem outras soluções para o mesmo problema. As lojas físicas são concorrentes da Amazon; os hotéis são concorrentes do Airbnb; os restaurantes estão competindo com a cozinha da sua casa. Onde o cliente está escolhendo gastar o dinheiro dele em detrimento de gastar aqui? Essa é a pergunta que revela a real competição.

Uma startup deve ter um diferencial importante no produto ou em distribuição/vendas. Melhor ainda se tiver em ambos – se for apenas um deles, é preferível que seja no segundo. Do contrário, estará fadada a competir por preço e espremer as próprias margens. Então, esteja preparado para empreendedores que tentarão superestimar o próprio diferencial citando diferenças que são, na verdade, ganhos incrementais quase irrelevantes, como funcionalidades periféricas que a concorrência não tem. Você entenderá isso quando receber um pitch *deck* com os famosos quadros comparativos de concorrência.

3. EMPREENDEDORES E TIME

Diz Fares Ksebati: "Nada é mais importante do que o time de fundadores. A startup pode pontuar 10/10 em todo o resto, mas, se o time não for excepcional, nada mais importa".[72]

Afirma Howard Lindzon: "Bons jóqueis continuam a ganhar corridas com cavalos diferentes. Para mim, os unicórnios são os empreendedores".[73]

Na opinião de David Cohen: "A primeira análise que fazemos é certamente das pessoas. Nós acreditamos que as pessoas certas irão construir a empresa certa ao longo do tempo".[74]

Caso você não esteja convencido, vou tentar explicar mais uma vez: os empreendedores são a questão mais importante a ser avaliada ao investir em startups.

O mago dos investimentos, Warren Buffett costuma comentar que investe em empresas que sejam tão boas que até um idiota possa administrar.[75] A lógica por trás dessa afirmação bem-humorada é valiosa: Warren gosta de investir em empresas que tenham produtos de qualidade, marcas fortes, governança sólida, processos eficientes, cultura organizacional saudável e toda uma estrutura orientada à performance de forma que ela permaneça robusta mesmo sob o comando de um péssimo CEO. Uma startup, no início da trajetória, ainda está na fase de desenvolver e refinar o produto, não construiu a marca, não apresenta governança sólida – pois sequer tem uma –, e os processos, assim como a cultura e a estrutura de gestão, estão sendo montados ao longo do caminho. Warren Buffett jamais investiria em startups. Porém, se ele investisse, perceberia que deveria inverter a lógica: é necessário investir em um fundador e CEO que seja tão bom a ponto de ser capaz de transformar qualquer ideia ruim ou produto fracassado em um negócio de sucesso.

É isto que bons empreendedores fazem: usam talentos para testar, pivotar, refazer, refinar, até descobrir os melhores caminhos, preferencialmente algum que ainda não tenha sido percorrido por ninguém. Avaliar um empreendedor é uma atividade bastante subjetiva, então trarei elementos para que você saiba quais traços nos dão os melhores (e os piores) indicativos.

4. PERFIL PSICOLÓGICO, MOTIVAÇÕES E COMPORTAMENTOS

Um dos principais motivos para startups darem errado é os fundadores desistirem. Adicionalmente, suspeito que as startups que alegam que falharam porque o dinheiro acabou também se enquadram nesse grupo, pois já vi muitos empreendedores continuarem mesmo após o dinheiro acabar. Vendem o carro, a casa, tomam crédito. O empreendedor obstinado dá um jeito. Como investidores, buscamos justamente esses empreendedores que estão comprometidos com o negócio em um nível além do racional, que têm uma visão ambiciosa e obsessão por executá-la.

A idade média de um empreendedor de startup de sucesso é 42 anos,[76] o que significa que, ao empreender, ele já tem uma boa dose de experiência profissional e está abrindo mão de uma confortável carreira para correr os riscos de empreender. É um nível de comprometimento e convicção bastante respeitável. Do outro lado, existem aqueles que exigem altos pró-labores. Qualquer pessoa consegue ir trabalhar quando a empresa possui milhões no banco, colaboradores recebendo altos salários e comida grátis. Mas esse empreendedor vai ficar sem receber por três meses, cortar a comida grátis e pedir para todo o time aceitar 50% do salário por alguns meses quando o dinheiro acabar? Ele vai assumir o risco trabalhista de tomar esse tipo de decisão? O que você precisa descobrir é se esse fundador vai desistir quando as coisas ficarem difíceis ou se será resiliente e fará tudo o que estiver ao alcance dele para dar certo.

Nesse mesmo critério, existem empreendedores que não estão dispostos a avançar enquanto não receberem investimentos. Conforme diz David Cohen, essa é a maior bobagem: "Alguns me questionam: 'Como podemos construir software sem o dinheiro para construir software?'. É exatamente isso que bons empreendedores fazem".[77] Há outros que se recusam a fazer certas tarefas, como ligações de vendas ou conversar com clientes. É regularmente o caso de quem vem de grandes empresas, onde antes contava com pessoas para as quais delegar as atividades menos divertidas. Um empreendedor deve estar disposto a fazer qualquer tarefa que seja necessária dentro de uma startup.

5. EXPERIÊNCIAS E HABILIDADES

De nada adianta o empreendedor ser obstinado, apaixonado pelo mercado e obcecado pela visão dele, se não tiver jeito para negócios. Ele deve ter aquele traquejo de business, com facilidade para entender dinâmicas de mercado, conhecimento de grandes cases de sucesso e de teorias clássicas de gestão, assim como bom faro para oportunidades. O ponto de partida da avaliação deve sempre ser a experiência dele como empreendedor, isto é: quantas vezes ele transformou uma ideia em um negócio. Nenhum emprego ou formação acadêmica trará o mesmo grau de capacidade de construir coisas no mundo real do que já ter empreendido.

Se essa for a primeira iniciativa dos empreendedores que estão sendo considerados, você pode avaliar o histórico de entregas nas posições profissionais que ele ocupou. Questione os sucessos e os fracassos que teve. Se possível, acesse pessoas com quem ele trabalhou antes.

6. CAPACIDADE DE LIDERANÇA

Ser um excelente executor é crucial, mas, uma vez estabelecidos a visão e os marcos iniciais, o CEO precisa ter a condição de construir e liderar um time, inspirar os liderados, incutir neles a visão para o negócio e ser o guardião dos valores e da cultura da empresa. Além de ser um bom empreendedor, ele precisa ser um bom *empresário*.

Presenciei um caso que ilustra bem esse ponto: um CEO tecnicamente brilhante, possivelmente um dos melhores executores que já conheci, e que parecia preencher todos os requisitos de um fundador excepcional. Porém, a empresa estagnou porque ele não conseguia montar e reter um time competente, afastando profissionais talentosos por conta das limitações que tinha ao lidar com pessoas. Em uma análise superficial, um investidor provavelmente ficaria impressionado com esse empreendedor e daria nota máxima a tal empresa. Apenas uma investigação mais profunda revelaria esse problema fundamental que, no longo prazo, limitaria de maneira severa o potencial de retorno do investimento.

Preste atenção especial em como o empreendedor trabalha com os cofundadores e com o time, e em como é a reputação dele dentro no mercado. Essas interações cotidianas revelam mais sobre o potencial de liderança de um fundador do que qualquer pitch ou apresentação formal.

7. MÉTRICAS E RESULTADOS

Quanto mais cedo uma startup estiver na curva de desenvolvimento, menos resultados ela terá para mostrar. Por isso, esse é um dos critérios que devem ser ponderados fortemente com base no estágio. Como exemplo, se a startup ainda está rodando o MVP, você não deve avaliá-la em relação à receita ou aos *unit economics*. A análise de resultados econômicos só inicia quando a startup começa a tracionar.

Ter tração valida hipóteses críticas do negócio. Mostrar receita de clientes pagantes é uma evidência irrefutável de que o problema é sentido por mais pessoas, que a solução resolve o problema e que há pessoas dispostas a pagar por essa solução. Para uma startup de tecnologia em fase de tração, um crescimento saudável significa aumentar usuários ou receita em pelo menos 10% ao mês. Se a solução é de fato muito melhor do que as alternativas, é bem provável que o crescimento seja rápido, mesmo antes da aplicação das agressivas estratégias de vendas da fase de escala.

É essencial analisar a trajetória desse crescimento mês a mês (em alguns casos, semana a semana), a retenção de clientes (também chamada de *churn*) e a qualidade da receita. Pode ser que a startup esteja forçando vendas sobre um perfil de cliente que não está bem encaixado com a solução, por isso ele não recorre. Pode ser que a startup esteja vendendo para pouquíssimos grandes clientes, deixando a receita bastante concentrada e o risco elevado. Procure questionar as razões pelas quais, em determinado período, a receita teve uma queda ou elevação abrupta, assim você consegue ter mais dados sobre o peso de vendas ou de clientes específicos, eventos discricionários, sazonalidades e outros aspectos referentes ao perfil da receita.

Já na fase de tração, mas principalmente a partir da fase de escala, devemos começar a analisar os *unit economics*. Há muito a ser dito sobre esse tema, mas trarei aqui ao menos os fundamentos. *Unit economics* é a análise da receita e dos custos associados a cada unidade de venda – no caso de startups, geralmente, cada cliente. É como se você tirasse uma foto microscópica do negócio, analisando se ele faz sentido financeiro cliente a cliente, antes de olhar para o quadro geral. Os dois principais componentes são o custo de aquisição de clientes (CAC) – quanto você gasta para conquistar cada novo cliente – e o *lifetime value* (LTV)* – quanto valor aquele cliente deve gerar à startup ao longo de toda a vida útil dele.

O CAC é calculado somando todas as despesas de marketing e vendas e dividindo pelo número de clientes gerados. Exemplo: em determinado mês, as despesas de marketing e vendas somaram 15 mil reais; dos *leads* gerados, 150 converteram em vendas, então o CAC é de 100 reais (15.000/150 = 100).

* LTV (*lifetime value*) é a receita total esperada que um cliente gera durante todo o período de relacionamento com a empresa. É uma métrica crucial para avaliar a viabilidade e o potencial de crescimento de um negócio.

Já o LTV é uma previsão do montante de receita que um cliente deve gerar durante a relação dele com a companhia. Se a startup vende um software por assinatura a 30 reais mensais e projeta que, na média, um cliente permanecerá com a assinatura vigente por dezoito meses antes de cancelá-la, o LTV será de 540 reais (30×18=540).

Para que o negócio esteja fazendo sentido, o valor gerado por cada cliente (LTV) deve superar significativamente o custo para adquiri-lo (CAC). No exemplo anterior, a startup gasta 100 reais para adquirir um cliente que gera 540 reais ao longo da vida útil dele, então estamos diante de *unit economics* bastante saudáveis. Nesse caso, a razão LTV/CAC informa que cada cliente deixa no caixa da startup 5,4 vezes o valor que custou para ser adquirido. Porém, se o mesmo cliente gerasse apenas 10 reais por mês, o LTV seria 180 reais, e a razão LTV/CAC seria apenas 1,8 vez, indicando um modelo potencialmente problemático.

E aqui destaco que há alguns cuidados a se ter ao usar essa ferramenta de análise. Empreendedores tendem a acompanhar de perto os *unit economics* e demonstrá-los nas apresentações a investidores. Porém, assim como todo o resto, o empreendedor dará a versão que mais o favorecer. Há muita variabilidade no modo de calcular essas métricas: existem startups, por exemplo, que calculam o CAC usando apenas as despesas de marketing digital e desconsideram os salários da equipe, enquanto outros excluem da conta ferramentas, sistemas e equipamentos que são utilizados no processo.

Nem todas essas variações, entretanto, são fundamentalmente erradas. Eu mesmo, a depender da natureza do produto e do perfil de custo por entrega, teria preferência por calcular o LTV usando margem bruta, e não receita. O que importa é que você, em vez de simplesmente analisar esses números sem aprofundamento, procure entender a forma como foram calculados e se há base amostral suficiente para compreender o que aquele número de fato significa em termos de qualidade do modelo de escala.

A análise de *unit economics* pode dar uma visão geral se o negócio tem capacidade de escala e um processo de vendas repetível e consistente, bem como se foi capaz de desenvolver canais de distribuição eficientes e avenidas de crescimento promissoras. Se tração é um dos melhores indicadores de sucesso nas fases mais iniciais, *unit economics* favoráveis também são uma evidência forte de que as coisas estão funcionando.

Ainda sobre a análise de resultados, um erro comum de investidores iniciantes é sobrevalorizar projeções financeiras em estágios iniciais. Infelizmente, elas não dizem muita coisa. Além de o futuro de uma startup ser completamente incerto, novamente o empreendedor estará apresentando o lado otimista da história. Todos, sem exceção, entretanto, dirão que foram "conservadores" nas projeções, que invariavelmente vão gerar a representação gráfica de uma curva exponencial.

Conta-se que Ron Conway, considerado um dos super-anjos do Vale do Silício, ao analisar uma startup junto a Bob Bozeman, teria arrancado a página de projeções do material e dito: "Eu nunca perco tempo com números".[78] A minha sugestão é igualmente radical: não dê a mínima para projeções nas fases mais iniciais. Afinal, a única certeza que temos é de que elas estarão erradas.

8. SINAIS DE ALERTA

Se parece um problema, age como um problema e cheira como um problema... provavelmente é um problema. Assim como não é possível reverter um processo digestivo, certas decisões em startups criam problemas irreversíveis. Há algumas características que aumentam muito o risco do seu investimento, pois têm um largo histórico de acarretar maus resultados. A seguir, citarei alguns cuidados que você deve ter para que não diga que eu não avisei.

Tome muito cuidado com o *cap table*. Esse termo em inglês (traduzido como tabela de capitalização), com o qual batizei a empresa que fundei, se refere à estrutura societária de uma companhia e pode ser a fonte de muitos problemas. Ela demonstra quem são os sócios da empresa e a participação que cada um possui, contando o histórico de rodadas de investimentos, as diluições e a distribuição de poder político dentro da sociedade.

Um *cap table* saudável deve carregar os incentivos corretos para cada um dos participantes. Porém, o que ocorre com frequência são fundadores extremamente diluídos no capital da companhia, com participação em excesso na mão de investidores. Se os fundadores – já enfatizamos a importância deles – não possuírem participação societária relevante, é natural que um investidor imagine que a motivação e o comprometimento de longo prazo dele podem ser prejudicados, sobretudo pelo fato de futuras rodadas de investimento (e as consequentes diluições) ainda serem esperadas.

O ideal é que os fundadores detenham pelo menos 80% da companhia antes da rodada seed e que consigam manter ao menos 50% após a série A. Mesmo que para você esse critério não seja tão relevante, lembre-se de que para os investidores das rodadas subsequentes provavelmente será. Então, se a sua startup tiver dificuldade para captar rodadas futuras, você também sofrerá as consequências.

Além de os fundadores estarem motivados e com a potencial recompensa pelos anos de trabalho duro devidamente assegurada, é fundamental que demonstrem comprometimento por meio de dedicação integral ao negócio. É comum empreendedores manterem a carreira corporativa enquanto tocam a startup "em paralelo". O problema é que, sem ter muito a perder, esses fundadores raramente terão os incentivos necessários para enfrentar os imensos desafios e as frustrações inerentes à construção de uma startup. Já vi diversos casos em que o empreendedor dizia estar apenas "esperando a startup decolar" para largar o emprego, mas essa lógica é circular: a startup dificilmente decola sem dedicação integral.

Outro sinal clássico de problema é o que Jason Calacanis, um dos mais famosos e bem-sucedidos investidores-anjo americanos, chama de "síndrome do Taj Mahal":[79] escritórios luxuosos e mordomias antes de se ter tração real. É provável que a motivação para empreender, nesse caso, esteja mais ligada à satisfação do próprio ego do que ao desejo de realizar algo. Igualmente preocupante é o empreendedor obcecado por levantar recursos em vez de focar a construção do negócio, aquele que está sempre "quase fechando" com diversos investidores ao mesmo tempo, conversando com todos os fundos de VC e investidores locais.

Há ainda as startups que eu chamo de "arroz de festa", que são companhias que pulam de um para outro entre os centenas de programas de aceleração, editais governamentais e projetos pró-inovação, usufruindo de entidades como Sebrae, BNDES e Finep. Tenho tendência a acreditar que a startup que não consegue sobreviver sozinha ao capitalismo darwinista do mercado não será robusta aos demais desafios.

Com o tempo e com a experiência, os critérios objetivos que citei aqui vão se tornando parte da sua sensibilidade subjetiva, e você vai afiando o seu feeling de investidor.

CAPÍTULO 11

PRECIFICANDO STARTUPS

Os métodos de valuation

O valuation para startups é um tema polêmico, porém crucial. Enquanto um investidor de bolsa de valores pode passar anos satisfeito com uma ação que não sobe, mas paga bons dividendos, ao investir em startups o ganho está em apenas um critério: na diferença entre o valuation de entrada e o valuation de saída. Por isso, errar o preço de entrada pode inclusive tornar uma boa startup, que cresce e entrega resultado, um péssimo investimento.

Imagine o seguinte cenário. Empolgado com o potencial de uma startup, você investe o valuation de 20 milhões de reais ainda na fase de MVP. Passado algum tempo, a startup se desenvolve, conquista uma grande fatia do mercado e apresenta uma receita recorrente mensal robusta. A sua startup é um sucesso. Parabéns!

Nesse momento, uma corporação faz uma proposta de aquisição da companhia. A compra, entretanto, será pelo mesmo preço que você pagou lá no início, pois agora sim a startup tem métricas para justificar aquele valuation. Apesar de você ter identificado a oportunidade antes de todos e ter corrido o risco de investir em um estágio bastante inicial, você não ganhou dinheiro. A sua startup foi um sucesso como negócio –, mas não como investimento. Enxergando por esse ângulo, fica fácil perceber o quão crítica é essa variável, não fica?

Por outro lado, uma vez que investimos em startups para multiplicar o valor do investimento dezenas de vezes, não é razoável perdermos o sono diante da incerteza se pagamos um preço 20% acima ou abaixo do valor justo. Por isso, consolidando as duas perspectivas: o valuation é importantíssimo, mas precisamos apenas garantir que estamos dentro de uma faixa de razoabilidade.

COMO NÃO CALCULAR O VALOR DE UMA STARTUP

De maneira simples, o valor de uma empresa hoje é a soma de todo o dinheiro que ela vai gerar ao longo da história. No entanto, quem seria capaz de adivinhar quanto dinheiro a empresa vai gerar no futuro?

Em metodologias como o fluxo de caixa descontado (FCD), o estado da arte do valuation, faz-se uma projeção do quanto uma companhia deve gerar de caixa ao longo do tempo e calcula-se quanto esses fluxos de caixa futuros valem na data de hoje, descontando-os por um fator que incorpora a preferência temporal e o risco de eles não ocorrerem conforme a projeção.

Portanto, podemos resumir os fatores que compõem o valuation de uma companhia em apenas dois: retorno e risco. Ou, de modo mais completo, o valuation se refere a quanto um investidor pagaria por determinado potencial de retorno, dado que este carrega determinado risco.

Para startups em estágio inicial, esses riscos são amplificados, como muito bem explica Aswath Damodaran no livro *The Dark Side of Valuation*:

> *Quase todo o valor provém de expectativas de crescimento futuro. Os demonstrativos financeiros atuais da companhia não oferecem pistas sobre as margens potenciais e sobre os retornos que serão gerados no futuro, e existem pouquíssimos dados históricos que podem ser usados para desenvolver medidas de risco. Para completar, muitas jovens startups não irão chegar na fase de crescimento estável, e é muito difícil estimar em quanto tempo as que sobreviverem chegarão lá. Além disso, essas companhias são normalmente dependentes de uma ou de algumas pessoas-chave para o seu sucesso, e perdê-las pode ter um impacto significante no seu valor.*[80]

Sei que vai parecer piada, mas lhe prometo que é um caso verídico: certa vez, uma companhia de mobilidade urbana que estava dando os primeiros passos em Porto Alegre se apresentou ao time de análise da Captable tentando defender um valuation de 1 bilhão de reais. Questionado, o empreendedor enviou planilhas de projeção e argumentou: "Vejam quanto de dinheiro a empresa vai gerar no décimo ano!". Para a infelicidade dele, a vida real prescreve que não tomemos esse número de forma isolada; precisamos incorporar à análise a chance de a projeção megalomaníaca não se concretizar. E, convenhamos, a chance é bastante grande.

Por isso, por mais que as metodologias sofisticadas de valuation sejam fascinantes e extremamente úteis para muitos contextos, ao alimentarmos a ferramenta com dados imprecisos e projeções com alta chance de se provarem erradas, é bastante provável que os resultados obtidos não forneçam uma informação confiável para a tomada de decisão.

A partir de determinado estágio de maturidade da companhia, certamente poderemos e deveremos lançar mão de ferramentas como o fluxo de caixa descontado. Porém, acredito que, para o contexto que estamos explorando aqui, consigo fornecer alternativas mais eficientes do ponto de vista da relação entre complexidade e acurácia.

O MÉTODO DO *EARLY STAGE*

Ao fim e ao cabo, em empresas em estágio ainda inicial, o valuation é uma negociação entre investidor e empreendedor na tentativa de chegar a um acordo sobre os incentivos que cada um carrega.

Do lado do empreendedor, os incentivos são:

1. Quanto dinheiro é preciso levantar para vencer os próximos passos do plano estratégico?
2. Qual participação estou disposto a ceder levando em conta a minha diluição e a necessidade de futuras rodadas?

Do lado do investidor, os incentivos são:

1. Quanto estou disposto a investir nesse produto e nesse time?
2. Qual percentual de participação considero justo para o risco que estou tomando e para o potencial de retorno?

Para iniciar as negociações, é preciso ter uma ideia de até onde ir e a partir de quando se retirar da mesa. O processo de avaliação imobiliária pode fornecer uma boa referência metodológica nesse sentido.

Ao avaliar um imóvel, buscamos opções à venda na região que desejamos, para entender qual preço por metro quadrado está sendo praticado. Se identificamos que imóveis próximos, em média, estão sendo vendidos com o metro quadrado a 10 mil reais e o imóvel que estamos avaliando tem 75 metros quadrados, temos um indicativo de que este deve valer algo próximo a 750 mil reais. Após definirmos como referência o valor de 750 mil reais para o nosso ativo, tentamos identificar características do imóvel que possam apreciar ou depreciar o valor em relação ao indicativo inicial, então ajustamos o preço por conta dessas variáveis.

O imóvel tem uma boa vista? Tem churrasqueira? Quantos dos quartos são suítes? A depender dessas respostas, puxa-se o preço um pouco para cima ou um pouco para baixo, dado que essas características alteram a percepção de valor de um eventual comprador.

Perceba que o processo tem duas etapas. A primeira é a definição de um valor de referência a partir da comparação com outros ativos com características similares (nesse caso, a localização) como ponto de partida. A segunda etapa é o ajuste desse valor de referência para contemplar as especificidades do imóvel que está sendo avaliado. O nosso método para avaliar startups segue essa mesma lógica.

ETAPA 1 – ENCONTRANDO A SUA REFERÊNCIA

No método de avaliação de imóveis, partimos da sabedoria coletiva dos agentes de mercado, que fazem os preços, no agregado das decisões, convergirem para determinado patamar. Por isso, presumimos que esse patamar seja uma boa referência do preço justo para o ativo.

Como as leis da economia e do comportamento humano são insistentes e contumazes, esse mesmo fenômeno pode ser observado no mercado de startups *early stage*. Isto é, há uma convergência para determinados patamares de preço; e, assim como a localização é para o caso dos imóveis, existe uma variável específica em que estamos interessados, que é o estágio de desenvolvimento. O estágio da companhia é o parâmetro com maior correlação com o valuation no *early stage*, e não é difícil entender o porquê.

Lembre-se: as únicas duas variáveis que compõem o valor de um ativo são "potencial de retorno" e "risco". No entanto, no nosso contexto, como o potencial de retorno é incerto e o risco é altíssimo, este último terá um impacto mais significativo no valuation do que o primeiro, nesse momento. Por isso, para balizar o valuation, estaremos mais atentos a variáveis que oferecem medidas de risco, como o estágio da companhia, em detrimento de aspectos como tamanho de mercado endereçável focado e margens potenciais – que são mais relacionados ao potencial de retorno.

Como discutimos no Capítulo 4, a trilha de desenvolvimento de uma startup consiste na validação progressiva de hipóteses. No início, quando tudo se resume à visão e ao sonho do fundador, o risco é máximo, pois há um grande número de incertezas não testadas. A cada fase superada, hipóteses são validadas, de modo que a iniciativa alcançará um novo patamar (cada vez menor) de risco e, como consequência, um novo patamar (cada vez maior) de valuation.

Com efeito, o mercado acabou estabelecendo padrões claros de valuation por estágio. Mesmo com variações entre setores, startups em fases similares de desenvolvimento tendem a ser avaliadas em faixas de valor próximas, por terem semelhança entre os conjuntos de hipóteses já validadas e as ainda por validar.

Na primeira etapa, na qual vamos definir o valor de referência, usaremos o que eu chamo de "**método da tabelinha**", que no nosso caso não tem qualquer relação com estratégias do público feminino para evitar a formação de uma nova vida. A tabelinha à qual me refiro está a seguir, e estabelece os padrões de valuation por estágio, bem como a média dos tamanhos de cheque e dos montantes de participação negociados.

Rodada	**Pré-seed**	**Seed 1**	**Seed 2**
Estágio	Entrando em MVP	Iniciando tração	Tracionada/ preparando escala
Receita esperada	Próxima de zero	Acima de R$ 30 mil/ mês	Acima de R$ 100 mil/mês
Cheque	R$ 50 mil – R$ 300 mil	R$ 300 mil – R$ 2 milhões	R$ 2 milhões – R$ 5 milhões
Participações	10% – 25%	10% – 20%	10% – 20%
Valuation	**R$ 1 milhão – R$ 3 milhões**	**R$ 3 milhões – R$ 10 milhões**	**R$ 10 milhões – R$ 25 milhões**

Portanto, o primeiro passo é reconhecermos o estágio da startup, o confrontarmos com a tabelinha e extrairmos valores de referência para que sejam a nossa faixa de partida.

ETAPA 2 – AJUSTE ESPECÍFICO

Você deverá usar a sua avaliação da startup e identificar como ela se relaciona com as variáveis de sempre: potencial de retorno e risco. A partir daí, você pode estabelecer em qual ponto da faixa de referência está o valor que está disposto a pagar pela sua participação.

Em estágios iniciais, o time de fundadores e a visão deles desempenham um papel crítico. Um histórico comprovado de sucesso ou uma expertise singular no setor podem justificar valuations diferenciados. Usando um exemplo extremo: Elon Musk está criando uma startup e convidou você para investir nela. O valuation é dez vezes o indicado pela tabelinha, então, você deixa de investir argumentando que o preço está exagerado? O mercado tem tanta confiança de que Elon Musk teria sucesso em qualquer iniciativa que certamente estaria disposto a ser bastante flexível em relação às referências de valuation.

Mesmo entre empresas escaláveis, a componente de escala pode apresentar diferenças no grau. Da mesma forma, entre startups que atestam o PMF, é necessário avaliar a intensidade com que o produto é algo imprescindível e amado pelos clientes. Startups que têm *unit economics* claros que comprovam o perfil de escala também devem ter um prêmio no valuation. Startups que usufruem de efeitos de rede e atuam em setores caracterizados por uma dinâmica "winner takes all" ou "winner takes most" tendem a gerar valuations mais elevados em virtude da perspectiva de dominância de mercado.

Startups pós-*breakeven* costumam valer mais por já terem provado que o modelo econômico delas funciona e terem mitigado severamente o risco de falência por falta de caixa. Um mercado em crescimento acelerado também pode influenciar a elasticidade de valor, mas cabe a você identificar se esse crescimento acelerado é sólido, fruto de novas tecnologias (como a IA) ou de uma mudança no comportamento do consumidor (como a *creator* *economy*),[*] ou se é apenas uma moda (como no caso das NFTs).[**] Modas costumam gerar valuation*s* inflados até que o mercado tome consciência.

A análise dessas variáveis é necessariamente subjetiva: não existe fórmula matemática que determine o peso exato de cada fator no valuation. A sua experiência e a sua sensibilidade como investidor serão fundamentais nesse processo. Lembre-se sempre de que o objetivo não é chegar a um número preciso, e sim estabelecer uma faixa de valores que faça sentido para todas as partes envolvidas e reflita adequadamente o estágio e potencial da startup. Como invisto quase sempre no mesmo estágio (pré-seed), costumo fechar os meus aportes em valores entre 150 mil e 200 mil reais por 5% a 10% do negócio – ou valuation*s* entre 1,5 milhão e 4 milhões de reais.

O MÉTODO PARA ESTÁGIOS MAIS AVANÇADOS

A partir da fase de escala ou, em alguns casos, da fase de tração, a empresa terá acumulado histórico, métricas e validações que permitem uma análise mais correta. Seguiremos usando comparativos de mercado, mas agora poderemos balizar o valuation em outros fatores que não apenas a variável estágio.

No caso de empresas listadas em bolsa, é comum que investidores precifiquem companhias a partir de múltiplos de geração de caixa (EBITDA)[***]

---

* A *creator economy* é o ecossistema formado por indivíduos que produzem e monetizam conteúdo digital, como vídeos, podcasts, newsletters ou produtos, em plataformas como YouTube, Instagram e TikTok. Inclui criadores, ferramentas, marcas e audiência com foco na autonomia criativa e financeira desses produtores de conteúdo.

** NFT (*non-fungible token*, ou token não fungível) é um ativo digital único registrado em *blockchain*, que certifica a posse exclusiva de itens como arte, música e colecionáveis. Diferentemente das criptomoedas, as NFTs não podem ser trocadas de modo equivalente.

*** EBITDA é a sigla para *Earnings Before Interest, Taxes, Depreciation and Amortization*, ou lucro antes de juros, impostos, depreciação e amortização. É um indicador usado para medir o desempenho operacional de uma empresa, excluindo fatores financeiros e contábeis.

ou de lucro líquido como os indicadores clássicos EV/EBITDA ou P/L, por exemplo. Para avaliar startups, dado que a prioridade é o crescimento, são utilizados múltiplos de receita operacional.

A mecânica é simples: buscamos qual múltiplo de receita vem sendo praticado pelo mercado para negócios similares, e temos ali o nosso ponto de partida. Se a minha startup é um SaaS e tem uma receita recorrente anual (ARR)* de 3 milhões de reais enquanto outros SaaS de características próximas receberam rodadas de investimento precificadas a cinco vezes o ARR delas, é razoável avaliar a minha startup em 15 milhões de reais.

Dois fatores são especialmente importantes aqui: crescimento e recorrência. Uma startup SaaS crescendo 40% ao ano pode justificar múltiplos entre seis e dez vezes a receita, enquanto uma com crescimento de 10% talvez valha apenas uma ou duas vezes. Quanto à recorrência, enquanto negócios com alta previsibilidade de receita (como SaaS) costumam comandar múltiplos entre cinco e vinte vezes, e-commerces ficam entre duas e cinco vezes, e negócios tradicionais, próximos a uma vez.**

CHEGANDO A UM ACORDO

Ao negociar um valuation, é natural que o investidor tenha a tendência de querer maximizar a negociação e comprar a participação pelo mínimo de dinheiro possível. Ao tentar "pagar barato", ou você coloca pouco dinheiro no caixa da startup, ou toma *equity* em excesso. Se fizer o primeiro, a empresa não terá combustível para crescer e chegar à próxima etapa; no segundo, você diluirá excessivamente os empreendedores e dificultará as próximas rodadas da startup. Em ambos os casos, o maior prejudicado, após os empreendedores, é você mesmo, ao reduzir as chances de sucesso do seu investimento.

* Em inglês, *Annual Recurring Revenue*.

** No meu site, você encontra relatórios com mapeamento dos múltiplos utilizados pelo mercado para você usar nas suas análises. Acesse pelo QR Code na página 157.

Na Digital Drive, eu conscientemente paguei um valuation maior do que achava justo, simplesmente porque entendia a importância de deixar a empresa mais capitalizada. O meu cálculo foi simples: saio "perdendo" hoje, pelo fato de estar pagando um preço alto, mas coloco um extra de gasolina no tanque da empresa, o que aumentará muito as chances de sucesso dela e o meu potencial de retorno.

Enquanto esses são os incentivos para o investidor não pressionar o valuation para baixo em uma negociação, há também incentivos para que o empreendedor não queira puxar o valuation para cima. O primeiro e mais óbvio motivo é meramente uma questão de elasticidade de preços: haverá menos interessados e menor chance de sair negócio. Conheço muitos empreendedores que, após extensivas buscas por recursos, se arrependeram da ganância, reconhecendo que deveriam ter praticado um valuation menor, fechado a rodada meses antes e passado todo esse tempo capitalizados focando o dia a dia da companhia.

O segundo motivo é igualmente importante. Ao captar a um valuation excessivo, a startup fica pressionada a crescer o suficiente para justificar um valuation ainda maior e não incorrer em uma das palavras mais temidas do mundo do venture capital: o *downround* – quando uma startup faz uma rodada com valuation inferior à rodada anterior. Fazer um *downround* cria um efeito dominó perigoso: afeta a moral do time, dificulta a atração de talentos, mancha a reputação da startup perante clientes, parceiros e investidores, quebra a narrativa de crescimento contínuo tão valorizada no venture capital e prejudica a marcação dos fundos existentes, que precisam mostrar valorização aos cotistas. Além disso, os empreendedores sofrem maior diluição devido a cláusulas contratuais que protegem a participação dos investidores em caso de *downround*.

Infelizmente, pelo fato de o valuation ser uma poderosa métrica de vaidade, esses contraincentivos muitas vezes não são suficientes para demover os empreendedores das pretensões que carregam. Por isso, se prepare: pedidas exageradas serão uma constante no seu dia a dia de investidor. Na maioria dos casos, não é uma discussão em que valha a pena entrar.

Recomendo que você se limite a perguntar se o valuation está escrito em pedra ou se há margem para negociar. Provavelmente o empreendedor dirá que não poderá alterar, pois já tem o compromisso de outros investidores a esse valuation – o que pode ser ou não ser verdade. Avise a ele que, nesse caso, você ficará de fora, mas que, caso o cenário mude, vocês podem voltar a conversar.

A FALÁCIA DOS LAUDOS DE AVALIAÇÃO PARA STARTUPS

Uma startup que já havia captado via Captable estava buscando uma nova rodada e, após o processo de análise, foi levada ao comitê de investimentos. Diante do comitê, ao justificar a pedida, o empreendedor informou que haviam contratado uma consultoria especializada em valuations, cujo minucioso estudo havia apontado o valor de 50 milhões de reais. Porém, como a startup e a Captable já tinham um relacionamento de longa data, eles estariam felizes em nos fazer uma condição especial e precificar a rodada em apenas 30 milhões de reais.

Puxei o celular, abri um relatório de mercado que me informou que, nos Estados Unidos (onde os múltiplos são naturalmente maiores que os brasileiros), companhias de mesmo setor, modelo de negócios e perfil de crescimento estavam recebendo aportes ao valuation de 5,7 vezes o ARR. Logo, mesmo que ainda pendente de ajuste ao mercado brasileiro, considerando a receita recorrente anual de 2 milhões de reais, o valuation justo para aquela startup não deveria estar muito distante de 11,4 milhões de reais.

Casos como esse acontecem com frequência, sobretudo em companhias mais iniciais. Empreendedores apresentam um laudo de avaliação sofisticado, repleto de números e projeções otimistas, carimbado por alguma empresa de consultoria com alegada ótima reputação. O problema é duplo. Primeiro, essas consultorias raramente entendem a dinâmica particular do mercado de startups, aplicando metodologias tradicionais que não fazem sentido no contexto. Segundo, os números utilizados nas projeções costumam vir dos próprios empreendedores – que não são exatamente conhecidos pelo conservadorismo nas estimativas que apresentam, como já discutimos.

Na prática, muitas dessas consultorias são serviços oportunistas que se aproveitam da inexperiência dos empreendedores e prestam um desserviço ao mercado ao criar expectativas irreais que emperram negociações e atrasam o desenvolvimento das startups. Como investidor, não caia nessa conversa.

VALUATION *PRE-MONEY* E *POST-MONEY*

Você encontrará esses termos ao longo da sua jornada como investidor. Não compreender o significado deles pode levar a negociações equivocadas, nas quais você e o empreendedor estejam considerando números diferentes. *Pre-money* e *post-money* indicam se o valuation considerado pelos investidores já inclui ou não o valor do investimento da rodada em questão.

Por exemplo, um investidor deseja aportar 1 milhão de reais, e o empreendedor informou que o valuation é 10 milhões de reais.

- Se for um valuation *pre-money* de 10 milhões de reais, significa que a startup já vale esse montante antes do investimento. Assim, ao somar o valor que a startup terá em caixa como resultado do novo aporte (1 milhão de reais) ao valuation que ela já possui, a participação do investidor será de **9%** – 1 milhão de reais / (10 mil reais + 1 milhão de reais do aporte).
- Se for um valuation *post-money* de 10 milhões de reais, o investimento já está incluído no valor total da empresa. Nesse caso, a participação do investidor será de **10%** – 1 milhão de reais / (10 milhões de reais).

Por isso, ao negociar com empreendedores, é sempre necessário esclarecer se a oferta considera o valor da startup antes (*pre-money*) ou depois (*post-money*) do aporte, evitando dúvidas sobre a diluição da participação societária.

UMA ALTERNATIVA

Essa dificuldade de precificar companhias em estágio inicial gerou uma solução criativa: rodadas com precificação futura. Você faz o aporte sem saber qual percentual vai receber, pois ele só será definido na próxima rodada, quando a startup já tiver avançado algumas casas e será um pouco mais fácil determinar um preço. Quando a próxima rodada ocorrer, você ganhará a sua participação, calculada levando em consideração um valuation descontado (geralmente entre 10% e 30%) sobre o preço da nova rodada.

Digamos que você investiu 100 mil reais em uma startup mediante uma rodada com precificação futura e definiu um desconto de 20%. Seis meses depois, a startup faz uma rodada com um fundo de investimentos ao valuation de 5 milhões de reais. Nesse momento, o seu investimento será precificado assim:

- Valuation da nova rodada: 5 milhões de reais.
- Seu desconto: 20%.
- Valuation para a sua participação: 4 milhões de reais (5 milhões de reais – 20%).
- A sua participação: 100 mil reais / 4 milhões de reais = 2,5%.

Não sou um grande defensor desse mecanismo. Prefiro a previsibilidade e o alinhamento de rodadas precificadas. Porém, em alguns casos, pode ser uma alternativa interessante para evitar discussões de valuation.

CAPÍTULO 12

INVESTINDO COM SEGURANÇA

Investir em startups envolve riscos. Disso você já sabe. Mas tem um tipo de risco que passa despercebido por muitos investidores – e que, ao contrário dos riscos de mercado, na grande maioria é perfeitamente evitável: o risco jurídico. O produto pode não ter aceitação no mercado, o cenário competitivo pode mudar drasticamente, os empreendedores podem falhar na execução... São riscos naturais do jogo e que justificam o potencial de retorno. Porém, riscos jurídicos são diferentes, porque eles podem comprometer o seu investimento mesmo quando tudo mais dá certo.

Embora um advogado seja indispensável nesse processo (salvo se você for investir exclusivamente por meio de plataformas – nas quais o modelo jurídico é padrão), achei importante compartilhar com você os principais pontos que todo investidor deve conhecer e considerar para não permanecer totalmente à mercê de um assessor jurídico. Você não precisa virar especialista em direito societário. Mas também não pode assinar qualquer coisa sem saber o que está em jogo. O objetivo aqui é justamente este: dar clareza sobre os pontos que importam, para que você invista com segurança – e não no escuro.

Em investimentos-anjo, os valores envolvidos normalmente não justificam estruturas jurídicas complexas ou honorários elevados. É importante deixar isso claro para o seu advogado desde o início – afinal, em geral, eles têm um talento especial para transformar o simples em complicado e para convencê-lo de que, sem eles, você não estará devidamente protegido. Idealmente, o advogado que estará assessorando você deve ter conhecimentos em venture capital, pois uma coisa é certa: muitos deles criam complicações e emperram negociações não só por um eventual excesso de zelo, mas também pelo medo do desconhecido.

Não existe regra estabelecida sobre quem apresenta a primeira minuta. Alguns investidores trabalham com modelos padrão, enquanto em outras ocasiões a startup toma a iniciativa. De qualquer forma, o documento inevitavelmente passa por revisões e negociações de ambos os lados. O que realmente importa não é definir quem dá o primeiro passo, e sim garantir que o contrato final contenha as proteções essenciais para o seu investimento.

OS INSTRUMENTOS

A escolha do instrumento de investimento depende tanto do estágio da startup quanto da estrutura societária. No Brasil, temos algumas particularidades que tornam essa decisão mais complexa do que em outros mercados.

Startups normalmente começam como sociedades limitadas (LTDA) pela simplicidade e pelo menor custo. Porém, LTDAs têm limitações importantes para investimento, sendo o risco mais significativo a responsabilização dos sócios, que podem ter o patrimônio pessoal afetado em diversas situações, sobretudo ligadas a questões trabalhistas e fiscais. Um investidor-anjo que se torna quotista de uma LTDA pode, na teoria, eventualmente ser responsabilizado por dívidas da empresa.

Por esse e pelos demais problemas associados a uma LTDA, toda startup que cresce se torna, em algum momento, uma sociedade anônima (S.A.). O único motivo pelo qual startups não nascem já como S.A. é por conta do custo e da complexidade, uma vez que esse tipo societário exige uma estrutura mais robusta e cara de manter. A LTDA oferece a simplicidade e a economia de que uma empresa nascente precisa, além de possibilitar ingresso no Simples Nacional, o que tem potencial de reduzir o valor que será subtraído da companhia na forma de impostos nesse momento tão crítico que é o início.*

* É importante esclarecer um ponto. Muitas pessoas associam automaticamente o termo "sociedade anônima" a empresas listadas na bolsa de valores, como Petrobras e Magazine Luiza. Mas essa é só uma das possibilidades. Na prática, uma S.A. pode ser de capital fechado (quando as ações não são negociadas publicamente) ou de capital aberto (quando são listadas em bolsa e qualquer investidor pode comprá-las). Startups que se

Para conciliar todas essas variáveis, o mercado desenvolveu uma forma de investir em LTDAs em estágio inicial sem incorrer em todas as complicações inerentes: contratos que garantem participação futura, não imediata. São instrumentos que asseguram ao investidor o direito de receber ações quando a empresa se tornar S.A., além de garantir a participação em caso de venda antes dessa transformação.

O instrumento mais comum é o **mútuo conversível**. Esse instrumento é tecnicamente um empréstimo do investidor para a startup, mas que, na data do vencimento, em vez de ser devolvido em dinheiro, pode ser quitado mediante entrega de ações da futura S.A., caso o investidor opte por isso. Por muito tempo, o mútuo conversível foi usado quase de maneira exclusiva; porém, desde o marco legal das startups,[81] novos títulos conversíveis que não configuram uma dívida também podem ser utilizados. De qualquer modo, o objetivo é que o investidor esteja sujeito ao potencial de valorização e ao risco da startup exatamente como se fosse de fato sócio. Além de contornar limitações relativas à estrutura societária, instrumentos de dívida conversível também abrem possibilidades em relação ao valuation, sendo úteis tanto para rodadas precificadas quanto para precificação futura, e tornam toda a negociação de entrada mais simples e ágil. Por esses motivos, esses instrumentos também podem ser utilizados em sociedades anônimas.*

Quando a startup já está mais madura, é uma sociedade por ações e tem um valuation mais claro, o investimento pode ser feito diretamente via

---

tornam S.A. o fazem geralmente por exigência de rodadas maiores de investimento, por questões de governança ou para facilitar a entrada de novos sócios. Mas permanecem fechadas ao mercado, com um grupo restrito de acionistas. A abertura de capital – o famoso IPO – é um evento raro e reservado a empresas que já atingiram grande escala e desejam possibilitar liquidez às ações e captar recursos de forma mais ostensiva.

* Deixei para você no meu site um modelo de mútuo conversível que você pode utilizar para os seus investimentos, ou ao menos para que o seu advogado use como ponto de partida. Acesse pelo QR Code na página 157.

compra de participação. Isso normalmente envolve a emissão de ações preferenciais com direitos específicos para os investidores. De forma geral, podemos dizer que, quanto mais cedo na trajetória da startup, maior é a probabilidade de que sejam utilizados instrumentos conversíveis em participação; e quanto mais a startup avança, maior é a probabilidade de que sejam utilizados diretamente instrumentos de participação societária (*equity*).

Há ainda outro instrumento que você deve conhecer, que é complementar aos apresentados: o **Term Sheet**. É um documento simples, que resume os principais pontos acordados entre investidor e startup durante a negociação, servindo como base para a elaboração dos contratos definitivos. Muitos investidores-anjo, incluindo este que vos escreve, formalizam os termos principais das negociações via e-mails ou WhatsApp, e depois enviam aos advogados. Embora traga maior formalidade e estabeleça certo compromisso moral, o Term Sheet é juridicamente não vinculante (a assinatura dele não obriga legalmente as partes a seguirem com o investimento nos termos estabelecidos).*

CONCEITOS FUNDAMENTAIS PARA NEGOCIAR COM SEGURANÇA

Antes de assinar qualquer documento, você precisa entender alguns conceitos básicos que regem os investimentos em startups.

Tipos de investimento: quando você coloca dinheiro novo na startup para que ela use para o próprio desenvolvimento, é um **investimento primário**. Já quando você compra ações de outros sócios, que estão vendendo uma parte ou a totalidade da participação a você, é um **investimento secundário**. Como anjo, você normalmente fará investimentos primários, pois o objetivo é capitalizar a empresa para ela crescer. Em resumo, o investimento primário coloca dinheiro no caixa da empresa – e o investimento secundário, no bolso dos sócios (ou até de investidores pregressos).

* Se decidir utilizá-lo – sendo útil em rodadas complexas ou com múltiplos investidores –, disponibilizei um modelo no meu site para referência. Acesse pelo QR Code na página 157.

Diluições: quando a startup faz uma nova rodada de investimentos, são emitidas novas ações (ou prometidas novas ações, no caso de um mútuo conversível), e consequentemente todos os sócios anteriores têm o percentual de participação reduzido proporcionalmente. Por exemplo: você possui mil ações de uma startup que está dividida, no total, em 10 mil ações, a sua participação é, portanto, de 10%. Se essa startup faz uma nova rodada e emite 2 mil novas ações para o novo investidor, você seguirá tendo suas mil ações, mas agora a startup tem um total de 12 mil ações – assim, a sua participação percentual passará a ser de 8,33% (mil ações suas divididas pelas 12 mil ações totais). A diluição é parte natural do jogo: se a startup está fazendo novas rodadas, provavelmente está crescendo e atingindo novos patamares de valuation, e a valorização da empresa deve mais do que compensar a redução do seu percentual.

Direitos e limitações: aqui, existe uma regra não escrita, mas amplamente respeitada no mercado: investidores que entram em rodadas posteriores costumam ter direitos mais sêniores que os anteriores. Por isso, como investidor-anjo, você deve ter muito cuidado ao exigir direitos em excesso, como vetos ou necessidade de aprovação para decisões da empresa. Primeiro, porque você pode engessar a startup e prejudicar o desenvolvimento dela. Segundo, porque dificulta futuras rodadas – fundos de venture capital não aceitarão que um anjo com pequena participação tenha, por exemplo, poder de veto sobre decisões importantes.

A minha recomendação é clara: mantenha as coisas simples. Negocie as proteções econômicas que estão aqui na sequência e deixe a parte política (votos, vetos, aprovações etc.) de lado nesse momento.

Negociação e decisão: se você está participando de uma rodada liderada por outro investidor (como outro anjo ou um fundo de venture capital), é papel do investidor-líder negociar com o empreendedor tanto o valuation quanto as questões jurídicas, e você deve apenas decidir se vai ou não participar nas condições estabelecidas.

CLÁUSULAS E PROTEÇÕES IMPORTANTES

Pressupondo um investimento por meio de mútuo conversível com rodada já precificada, existem questões básicas da operação das quais o seu advogado deve cuidar, que são sobretudo o valor investido, o percentual, o prazo e os eventos que ensejam a conversão – sendo este último normalmente a transformação em sociedade por ações, uma nova rodada de investimentos ou a venda da empresa. Além desses fundamentos, existem algumas proteções importantes que sugiro que você negocie.

Direito de preferência ***(pro rata)***: esse direito deve estar em absolutamente todos os seus contratos. Ele é uma proteção à diluição, garantindo que você possa manter a sua participação percentual investindo em próximas rodadas. Ao negociar uma participação com um futuro investidor, a startup deve antes oferecer a você uma parte (a proporção da sua participação) dessas novas ações a serem emitidas pelos mesmos termos negociados. É importante enfatizar que essa cláusula lhe confere um direito, e não uma obrigação. Você pode abrir mão do seu direito se não desejar investir mais capital. Como anjo, isto é fundamental: você não quer perder a chance de aumentar a sua exposição justamente nas startups que estão performando bem.

Proteção contra diluição excessiva: é comum estabelecer um valor mínimo de valuation para que novas rodadas diluam você, normalmente vinculado ao valuation da sua entrada. Assim, caso ocorra um *downround*, como já comentamos, você será protegido da diluição.

Tag along **e** ***drag along***: o *tag along* é o direito de vender a sua participação com os fundadores caso eles vendam o controle da empresa. Em contrapartida, você provavelmente terá que aceitar um *drag along*, que permite que uma maioria qualificada de acionistas (tipicamente 70%) force a venda de todas as ações caso apareça um comprador interessado na totalidade da companhia. A presença de uma cláusula de *tag along* é menos comum do que as demais em contratos de investimento-anjo, mas é um direito que não costuma faltar no momento no Acordo de Acionistas, documento que será assinado quando a startup se transformar em sociedade por ações e os investidores converterem o investimento em ações. Costumo tentar incluir um *tag along* nos meus contratos de investimento desde o momento em que invisto, mas não é um problema, para mim, abrir mão caso essa cláusula se torne um entrave na negociação, dado que certamente no futuro ela estará presente.

Opção de saída em cenários adversos: é importante prever uma forma de você sair em situações específicas, como performance muito abaixo do esperado ou contingências graves. Esse mecanismo, conhecido como *write-off*, evita que você fique preso em um investimento problemático. Em geral, o *write-off* é refletido no contrato em uma cláusula de opção de venda (*put option*) que permite ao investidor vender a participação dele aos fundadores ou à própria companhia por um preço simbólico.

Garantia de dedicação integral: lembre-se de que estamos investindo em pessoas. Ao tomar recursos com investidores, empreendedores precisam estar dispostos a se comprometer a dedicar as horas do dia exclusivamente àquele negócio. Com o tempo, pode surgir um desalinhamento de interesses em que um fundador recebe uma proposta de trabalho, decide embolsar o salário e se dedicar à startup apenas nas horas restantes. Isso deve acender um alerta para você, caso o empreendedor reaja negativamente a essa cláusula.

Acesso a informação: conheço casos em que a startup cortou laços com os investidores e os deixou sem notícias do que estava ocorrendo. Estabeleça contratualmente que você pode exigir que a startup envie demonstrativos contábeis, planilhas de fluxo de caixa e os principais indicadores gerenciais. É um direito seu ter informações sobre o seu patrimônio.

Por fim, vale mais um lembrete: evite sobrecarregar o mútuo com cláusulas complexas ou restritivas demais. Não se esqueça de que você ainda terá o acordo de acionistas após a conversão para estabelecer regras mais detalhadas. O mútuo deve ser um documento relativamente simples e direto.

DUE DILIGENCE JURÍDICA

Você negociou o contrato e está empolgado para assinar e concretizar o investimento. Porém, antes de assinar qualquer documento, você precisa fazer algumas verificações básicas sobre a startup e os empreendedores. Pode parecer óbvio, mas é surpreendentemente fácil cair em fraudes: tivemos um caso de empreendedor que tinha dois CPFs e outro em que o fundador da startup sumiu com o dinheiro captado por intermédio de uma plataforma concorrente da Captable.

O seu advogado deve fazer uma diligência simples, solicitando:

- Documentos de constituição da empresa.
- Demonstrativos contábeis.
- Certidões negativas (justiças estadual, federal e trabalhista).
- Certidões de protestos.
- Certidões de débitos (Receita Federal, Estadual, Municipal, INSS e FGTS).
- Informações sobre regime tributário e formato de contratações.

Sobre questões tributárias, um ponto importante: no Brasil, é comum empresas atrasarem impostos para preservar caixa – às vezes, é a diferença entre sobreviver e falir. Isso não inviabiliza necessariamente o investimento, mas você precisa conhecer esse contexto antes de tomar uma decisão.

No que tange a questões trabalhistas, um tema recorrente em startups é a contratação de colaboradores via pessoa jurídica. Nesse modelo, o colaborador constitui uma empresa, e a relação é estabelecida mediante um contrato de prestação de serviços em vez de um contrato CLT. É natural que empresas nascentes prefiram esse modelo, já que a legislação trabalhista impõe custos e burocracias pesados para uma startup inicial. Além disso, muitos profissionais do ecossistema de inovação preferem a flexibilidade do formato. Por isso, você encontrará com frequência startups cuja força de trabalho é composta majoritariamente de pessoas jurídicas (PJs).

Pessoalmente, não tenho restrições a esse modelo. Pelo contrário, acredito que escalar com profissionais autônomos traz mais agilidade ao negócio. Porém, você precisa estar ciente do risco: se esses PJs trabalham em condições análogas a funcionários CLT (horário fixo, subordinação, exclusividade), a empresa pode ser punida por "pejotização". Esse risco também precisa ser mapeado e considerado na sua análise.

Não deixe o seu advogado sofisticar demais essa etapa. Queremos apenas verificações simples que nos protejam de riscos óbvios. Vencida essa verificação, você está pronto para assinar o instrumento de investimento e se tornar um investidor de startups.

CAPÍTULO 13

PÓS-INVESTIMENTO

A tinta está no contrato, e você finalmente é um investidor de startups. Parabéns! Seja bem-vindo ao time. O melhor de tudo é que a sua trajetória está apenas começando, então há ainda muito a ser usufruído. A parte mais instigante da jornada, inclusive, é a que vem na sequência da assinatura do contrato.

Gosto muito do processo de construir e refinar estratégia e tese, participar de eventos, conhecer novos negócios, conversar com empreendedores, analisar startups e negociar termos do investimento. No entanto, nada me entusiasma mais do que a etapa seguinte: o prazer de acompanhar a startup, o estímulo intelectual de ajudar os empreendedores com soluções e alternativas para resolver os desafios, e a satisfação e o orgulho de ver a companhia crescer e alcançar novos patamares. Chegar até uma próxima rodada e marcar um novo valuation é como quando você vê o seu filho caminhar pela primeira vez.

Porém, ao combinar a dinâmica do seu envolvimento, há uma premissa importante: respeite a autonomia dos empreendedores. Muitos investidores, ao se tornarem sócios da startup, sentem que devem ter o mesmo poder de decisão dos fundadores, então acabam interferindo excessivamente em decisões operacionais. Seja humilde e reconheça: o empreendedor, imerso no dia a dia da empresa, tem maior contexto que você para fundamentar decisões. Ele conhece profundamente o negócio, o mercado e as restrições operacionais, além de sofrer as consequências das decisões de modo mais intenso que você.

Isso não significa abrir mão de ter opiniões ou provocar reflexões importantes – apenas evite que diferenças de perspectiva se transformem em conflitos. Como diz Jeff Bezos: "*disagree and commit*" (discorde e comprometa-se, em tradução livre). Eu e o Victor, fundador da Digital Drive, temos pontos de discordância recorrentes. No entanto, entro em todas as discussões sabendo que o meu papel é estimular a reflexão crítica, e não ditar direções. Questiono não para convencer, e sim para enriquecer a análise. E confio que, ao final de cada discussão, a decisão dele – fundamentada na experiência diária à frente do negócio – será a mais acertada.

De tudo o que você precisa saber para acompanhar a sua startup na posição de investidor, esta é a premissa-chave: confie no instinto e na sensibilidade de quem criou o negócio. Deixe o empreendedor no comando e apoie-o estrategicamente. A seguir, vou sugerir alguns papéis que você, como investidor, pode assumir para auxiliar as suas investidas.

COMO ACOMPANHAR AS SUAS STARTUPS

Marque uma reunião periódica e combine o envio de informações. Não há um padrão para a periodicidade; ela dependerá do estágio da startup e do papel que você terá nela. Muitas vezes, anjos ajudam pontualmente em questões estratégicas – nesse caso, reuniões mensais ou trimestrais são suficientes. É o que ocorre na minha atuação junto à Trashin, que é uma empresa já bastante avançada. Já na Life Up e na Basic Club, por exemplo, que são empresas mais iniciais, os meus auxílios vão além do estratégico, apoiando em decisões de dia a dia e até mesmo executando algumas tarefas necessárias. Com esses empreendedores, me reúno semanalmente.

Construir uma relação de confiança é fundamental. O que vejo ocorrer em muitos casos é os empreendedores não exporem aos investidores as falhas e os problemas da startup por medo de cobranças. Você deverá mostrar ao empreendedor, a partir da sua postura ao longo do tempo, que compreende todos os desafios, que será tolerante com erros e que estará do mesmo lado da mesa para apoiá-lo sempre.

Era exatamente assim que eu sentia na Captable cada vez que conversava com o Pedro Englert, investidor e presidente do nosso conselho. O Pedro era um cara bastante pragmático e às vezes duro na crítica. Porém, ao longo do tempo, foi ficando claro para mim que a intensidade dele era sempre em meu favor e em favor da companhia, então desenvolvemos uma relação de admiração e confiança. Logo, sempre que havia algum problema, eu me sentia muito confortável em procurar o Pedro e dividir a questão com ele. Alguns dos maiores aprendizados da minha trajetória de empreendedor e gestor de empresas foram adquiridos nesses momentos com ele.

Com a dinâmica de interação bem estabelecida, há três papéis que você pode assumir: advogado do diabo, batedor de bumbo e mentor.

Advogado do diabo: por mais preparado e competente que seja o empreendedor, todo ser humano está sujeito a cometer erros de julgamento e vieses cognitivos. Como observador externo, você está em posição privilegiada para enxergar essas armadilhas e alertar o empreendedor. Um exemplo recorrente é quando o empreendedor acredita erroneamente que o produto está "pronto", exagera o valuation ou incorre em custos exagerados com escritórios pomposos. Outro problema frequente é quando o otimismo natural dos empreendedores os leva a negligenciar riscos, descuidando do caixa e do *cashburn*, na esperança de ser fácil captar uma nova rodada quando o dinheiro acabar. Você, como investidor, pode assumir o papel de enxergar esses excessos e provocar o empreendedor a refletir e repensar.

Batedor de bumbo: como em uma banda marcial, na qual o bumbo dita o ritmo, você pode assumir o papel de ser o guardião da execução da estratégia e do plano de negócios da empresa. É muito comum o empreendedor ser consumido pelo dia a dia da operação e esquecer o longo prazo e as metas assumidas junto aos investidores. Você será um fator disciplinador: em cada reunião, vocês podem definir ações relacionadas a três prioridades da empresa. Por exemplo, se o desafio da empresa é aumentar as vendas, as três prioridades podem ser:

1. Aumentar a geração de *leads* no topo do funil de vendas;
2. Aumentar a taxa de conversão de novos clientes;
3. Aumentar o ticket médio de antigos clientes.

O empreendedor então deve listar ações para cada uma das prioridades a serem executadas até a próxima reunião. No encontro seguinte, você questiona o empreendedor sobre os resultados, e então novas ações são definidas. Essa estrutura rigorosa cria um mecanismo natural de responsabilização que incentiva o foco no essencial, uma vez que o empreendedor precisa prestar contas ao fim de cada ciclo. Esse processo transforma o seu acompanhamento em uma poderosa ferramenta de alinhamento estratégico, ritmo de execução e aceleração de resultados.

Mentor: como mentor, você potencializa o desenvolvimento da startup com a sua experiência acumulada e expertise em domínios específicos. Na Life Up, por exemplo, identifiquei que o gargalo da empresa estava no produto, por isso trabalhei junto ao empreendedor semanalmente, ao longo de um ano inteiro, para atingirmos o PMF, provocando-o a realizar testes com a base de clientes, interpretar os feedbacks, pivotar atuação, desenvolver novas funcionalidades e melhorar a usabilidade até que tivéssemos indicativos claros de que o produto estava gerando um valor imprescindível para os clientes. A partir de então, o desafio passou a ser comercial, e direcionamos as reuniões para a montagem de máquina de vendas, estrutura comercial, indicadores e mecanismos de incentivos para vendedores.

No Oak's, que é uma empresa de perfil tradicional e mais madura, e cujo fundador Fabrício tem uma gama variada de expertises, consigo gerar mais valor focando especificamente a parte de captação de recursos e gestão de investidores. Na Trashin, como exemplo recente, me reuni com o time para esmiuçar a forma de cálculo dos *unit economics*.

Se você não consegue identificar um tema no qual se sinta confortável em ajudar, escolha um assunto de que você goste e se aprofunde nele, tais como os apresentados no Capítulo 7.*

Independentemente de quais desses três papéis você for exercer, um investidor sempre terá a tarefa de gerar conexões. Se você tem um network qualificado, pode gerar valor para a sua startup colocando o empreendedor frente a frente com potenciais clientes, investidores ou parceiros estratégicos. Tenha cuidado, entretanto, para gerar conexões que de fato tenham valor. Na ânsia de querer conectar e auxiliar, percebo investidores promovendo reuniões que acabam apenas tomando o tempo do empreendedor.

* Como comentei, fiz uma curadoria de conteúdo de alta qualidade e fácil compreensão sobre várias dessas temáticas e a deixei no meu site, para que você tenha uma forma simples e rápida de começar o seu estudo. Acesse pelo QR Code na página 157.

GERINDO O SEU PORTFÓLIO

Gerir um portfólio é, em última instância, gerir um patrimônio. Assim como qualquer outro investimento, alguns eventos são determinantes para a trajetória de uma startup como ativo financeiro. São eles: o momento da compra, o momento da precificação a mercado e o momento da venda. No nosso caso, os eventos equivalentes são, respectivamente: o aporte, as novas rodadas de investimento e o *exit*. Enquanto acompanha o seu portfólio, essas serão situações em que você terá que tomar decisões importantes.

Diante de uma nova rodada, você deverá decidir se fará um novo cheque, se executará o seu *pro rata* para manter a sua participação percentual ou se optará por ser diluído na proporção da sua participação. A minha recomendação, como já mencionei, é que você **não perca a oportunidade de aumentar a sua exposição às startups que estão performando.** O mercado é um processo darwiniano, e ter avanços relevantes é um alto indicativo de que os empreendedores sabem o que estão fazendo.

O evento do *exit* é ainda mais importante – e pode acontecer de algumas formas. A maneira mais usual é a startup ser adquirida por uma grande corporação. Algumas das minhas investidas já passaram por esse processo, como a Wuzu (comprada pelo Mercado Bitcoin), a Alter (adquirida pela Méliuz) e a Finansystech (comprada pela Celcoin) – todas elas fizeram as rodadas pela plataforma da Captable.

Existem muitas razões pelas quais uma grande companhia compra startups: diversificar o portfólio de produtos, neutralizar potenciais competidores, injetar inovação nas operações e buscar talentos. Tenha a expectativa de que os seus *exits* se deem majoritariamente por essa via, inclusive pelo fato de que cada vez mais companhias brasileiras estão seguindo esse tipo de estratégia.

Ainda há uma possibilidade que está ao seu alcance como anjo, que é a venda secundária de participação. Esse tipo de transação normalmente ocorre em rodadas série A em diante, quando fundos de investimento passam a estar dispostos a "limpar o *cap table*". Nessas operações, o fundo faz uma rodada majoritariamente primária (cerca de 80% do capital vai para o caixa da startup) e reserva uma parte do aporte (no nosso exemplo, os 20%

restantes) para comprar a participação de investidores de rodadas anteriores e dar a saída a eles.

O objetivo é otimizar a estrutura acionária da startup, para que ela se torne mais atrativa para investidores de rodadas subsequentes. Como em muitos casos esse tipo de operação é usado para "forçar" a saída de investidores iniciais, você precisa estar bem protegido pelo seu contrato, tomando especial cuidado com as condições da cláusula de *drag-along* explicada no capítulo anterior. Assim, o fundo deve negociar com você, que apenas fará a operação caso seja um bom negócio.

Por último, porém com muito menos probabilidade, a sua startup pode crescer a ponto de fazer o IPO, como já foi o caso de algumas startups brasileiras.

É importante que, no momento do *exit*, você envolva o seu advogado. Além do preço, há outros termos da saída, de natureza mais jurídica, que você precisará negociar. Adicionalmente, o investimento em startups é sujeito a tributação, e esse é o momento em que você deve apurar os ganhos de capital e pagar os impostos devidos.

O *exit* é a grande linha de chegada do empreendedor. E é um momento realmente mágico: a sensação de receber a notificação do seu aplicativo do banco informando que você recebeu na sua conta uma transferência que você sabe ser referente à sua parte da venda da empresa é simplesmente indescritível. Espero que logo você tenha a oportunidade de usufruir essa sensação.

CAPÍTULO 14

ENRIQUECENDO O SEU BOLSO E A SUA MENTE

Você cruzou uma linha sem retorno. E agora o mundo da inovação e do empreendedorismo deve, de alguma maneira, fazer parte da sua vida para sempre. As recompensas por isso – financeiras, intelectuais e sociais – são tamanhas que não é comum alguém abrir mão delas.

Com efeito, não conheço "ex-investidores" de startups. Há quem esteja com o portfólio fechado e não esteja fazendo investimentos, mas segue consumindo conteúdo sobre o mercado, indo a eventos, interagindo com startups e sempre considerando fazer um novo cheque.

Eu não sou daqueles que acreditam que a indústria tradicional não terá mais vez. Pelo contrário, cada vez enxergo mais valor no tijolo, na máquina industrial, na produção agrícola. Vejo, apenas, que a tecnologia da informação e os meios digitais são novas e poderosas ferramentas para criar negócios, pois possibilitam alavancar a capacidade humana de gerar valor. Um indivíduo iniciando um empreendimento hoje não tem nenhum motivo para não considerar usar esse ferramental a seu favor.

Quem percebeu cedo o "boom" de commodities das décadas de 1990 e 2000 e alocou recursos em ações como Vale e Petrobras ou quem capturou o "boom" mundial das criptomoedas sabe como é vigoroso o efeito de surfar uma grande tendência. Precisamos participar, de alguma forma, de mercados que estão em franco crescimento e com fortes trajetórias de alta. A única alternativa que está eliminada é ficar de fora.

Se quer essa vida para você, precisamos agir imediatamente. O nosso cérebro nos prega peças e foi evolutivamente programado para economizar energia. Por isso, vamos sair da inércia e dar o primeiro passo ainda hoje.

Caso ainda não o tenha feito, entre no meu site, abra a página "Recursos" e baixe o documento chamado "Plano de Investimentos". Esse é um modelo para você fazer todas as definições prévias da sua atuação como investidor e criar um plano de voo bem-estruturado. Ao longo dos próximos dias, reserve na sua agenda quinze minutos diários para interagir com esse documento, voltar aos capítulos correspondentes, fazer pesquisas, ponderar as suas crenças e a sua visão de negócios, além de refletir sobre os diferenciais, os conhecimentos e as expertises que você pode agregar às suas investidas. No final, você sairá com um documento que estabelece de maneira clara a sua estratégia e a sua tese de investimentos, bem como a sua marca pessoal como investidor.

Com esse plano em mãos, você está pronto para ir a campo e começar a interagir com o ecossistema. Use os seus quinze minutos diários para pesquisar as aceleradoras da sua cidade. Envie um e-mail manifestando interesse em participar dos próximos *demodays*. Inscreva-se na lista de e-mails do *hub* de inovação local para receber informações sobre os eventos marcados. Converse com pessoas e profissionais que orbitam o ecossistema, tanto investidores quanto prestadores de serviço para startups. Informe-os de que você está com o portfólio aberto, faça o seu pitch de investidor, dê uma breve explicação sobre a sua tese e peça que o avisem se souberem de alguma startup interessante que esteja buscando recursos.

Aborde diretamente startups que você conheça ou que tenha pesquisado. Tal qual um vampiro quando sente o cheiro de sangue, assim é uma startup quando sente o cheiro de dinheiro: provavelmente após esses movimentos você já terá alguns pitch *decks* para analisar e algumas reuniões agendadas.

À medida que você interagir com os personagens do ecossistema, o seu dealflow vai se tornar cada vez mais consistente. Mas lembre-se sempre do grande segredo: gere valor a cada interação. Pergunte, sugira, ofereça ajuda com algum problema específico, conecte, dê mentorias gratuitas – tudo isso sem pedir nada em troca em um primeiro momento. Estamos construindo a sua imagem perante o mercado para que você vença a arrebentação e se torne desejado – e assim o seu dealflow ocorrerá de forma mais fluida.

Pode ser que você sinta um pouco de dificuldade no início. Afinal, cada vez que começamos algo novo, nos colocamos em uma zona de desconforto.

Temos algumas barreiras para vencer até que se torne algo natural. Você precisa de horas de voo fazendo o seu pitch de investidor, conversando com empreendedores, analisando startups, negociando cheques e refinando a cada interação a sua forma de executar todas essas tarefas até começar a se sentir confortável para pilotar sozinho o avião. Seja resiliente e confie no processo.

O exemplo trazido por Jason Calacanis é muito ilustrativo:

> *Os dois primeiros dias de kitesurf ou snowboard são repletos de quedas que o derrubam e fazem seu corpo doer a noite toda. Você pode desistir, justo antes de finalmente conseguir, milagrosamente, ficar de pé na prancha e experimentar a mais mágica descarga de energia da sua vida. Eu comparo o investimento-anjo a ser jogado em um ginásio escuro com apenas um interruptor. Você tateia no escuro, sem ter ideia do que está fazendo, até encontrá-lo, acioná-lo, e tudo se revela. Quando você o aciona, vai se sentir como um gênio.*[82]

Após alguns anos, à medida que as suas startups começarem a mostrar resultados, você vai perceber a sua riqueza aumentando devido aos investimentos que você fez agora. E esse, como você já sabe, é um mercado com potencial de impactar de forma transformadora o seu patrimônio. Já comentei sobre a sensação que tive ao receber a notificação do aplicativo do banco anunciando que eu havia recebido o dinheiro dos *exits* que tive. É difícil descrever esse sentimento. Nunca sequer joguei na loteria para poder comparar, mas posso garantir que a sensação de um investimento bem-sucedido é ainda maior, afinal o resultado está diretamente relacionado à sua capacidade de enxergar a oportunidade, apostar nas pessoas certas e ajudar a startup ao longo do caminho. É um sucesso todo seu.

Entretanto, enquanto estiver maximizando as suas chances de sucesso ao seguir o método e as orientações deste livro, não posso garantir que você terá resultados. Por isso, temos apenas que estar convictos de que estamos fazendo tudo o que está sob a nossa alçada de influência e confiar que o resultado virá. Então, se no agregado dos retornos sairmos empatados, significa que apenas desperdiçamos tempo e que não valeu a pena? É claro que não.

De novo, Jason Calacanis:

> *Muitos investidores-anjo aprendem muitíssimo e saem empatados, construindo sua rede de contatos e conhecimento sem custos. É como ir a Las Vegas para um fim de semana prolongado, ganhando de cortesia o quarto e algumas refeições sofisticadas porque você passou horas se divertindo jogando roleta ou blackjack. A viagem foi gratuita e sua conta está intacta.*[83]

Não queremos ser, no futuro, aqueles que não conseguiram se adaptar aos tempos, tendo de pedir ajuda aos nossos filhos para lidar com os novos computadores e celulares. Muito menos queremos ser profissionais que se tornaram obsoletos porque não acompanharam as novas tecnologias e as novas formas de fazer negócios.

Esse problema, no entanto, nunca será uma preocupação para você. Ao participar do ecossistema de inovação, você estará conectado de forma diária a esse mundo, tornando-o parte da sua rotina e se desenvolvendo de forma tão gradual a ponto de nem sequer percebê-lo. Você será carregado pela correnteza, aprendendo as habilidades de que precisa de forma automática e natural, aumentando a sua capacidade de entender e de acompanhar as inovações que surgem a cada dia. A sua vivência nesse meio influenciará a sua visão de negócios, as suas conversas com amigos e as suas opiniões sobre as grandes questões do mundo. Você evoluirá como ser humano, como pessoa de negócios e como empreendedor de uma forma que nenhum MBA poderia lhe proporcionar.

Você, que chegou até aqui, sabe: simplesmente não há motivos para ficar de fora. Afinal, é como se você estivesse entrando em uma sala em que estão as pessoas mais inteligentes e interessantes do mundo, onde você vai aprender, se atualizar, dar boas risadas, se divertir muito e, ainda por cima, ter a chance de levar dinheiro para casa. É assim que vejo a participação no mercado. Investir em startups trará um novo brilho à sua vida: é empolgante, estimulante e recompensador.

Se você iniciar nesse mercado por conta da leitura deste livro, ficarei pessoalmente realizado por ter gerado esse impacto tão relevante na sua vida.

Se apenas uma pessoa usar este livro para apoiar o próximo empreendedor que tiver uma ideia capaz de mudar o mundo, teremos causado um impacto juntos. E, é claro, se você tiver dúvidas ao longo do caminho, poderá sempre me escrever um e-mail (guilherme@guilhermeenck.com.br), e eu ficarei feliz em orientar você.

Sabe aqueles empreendedores inovadores que trabalham para criar grandes soluções que transformam o planeta? Agora você é oficialmente um deles. Eu lhe desejo uma belíssima e prazerosa trajetória como investidor de startups.

GLOSSÁRIO

Aceleradoras: organizações que selecionam startups em estágio inicial para que participem de programas estruturados de desenvolvimento.

Agrotechs: startups que aplicam tecnologia ao agronegócio para aumentar a eficiência, a produtividade e a sustentabilidade no campo.

Bootstrapping: startup que cresce com recursos dos fundadores ou com a própria receita, sem depender de recursos de investidores externos. O termo tem origem em uma expressão idiomática americana que se refere ao ato fisicamente impossível de puxar-se para cima a partir da alça das próprias botas. A expressão serve como uma metáfora de alguém atingir algo difícil pelos próprios esforços.

Breakeven: momento em que a startup consegue fazer frente às despesas a partir da própria receita, não mais dependendo de aportes dos sócios ou de terceiros para sustentar o funcionamento.

Custos de aquisição de clientes (CAC): métrica que indica quanto a empresa gasta, em média, para conquistar um novo cliente, somando despesas de marketing, vendas e operação.

Cap table (capitalization table): tabela que apresenta a estrutura societária da empresa, com os nomes dos sócios, percentuais de participação e diluições ao longo do tempo. A pergunta "Como está o seu *cap table*?" é feita para saber quem são os investidores e quais são as participações de cada um e para identificar quão diluídos os fundadores estão na estrutura.

Cashburn: ritmo de consumo de caixa por parte de uma startup. Indica quanto além da receita a empresa gasta por mês para operar. É essencial para avaliar a sustentabilidade financeira e o tempo que a startup consegue se manter solvente sem necessitar de novos aportes.

Cheque: no contexto de investimentos, especialmente em venture capital é o valor financeiro que um investidor ou fundo aporta individualmente em uma startup ou um negócio. É uma maneira informal de indicar o tamanho do investimento. Por exemplo: "um cheque de 1 milhão de reais" significa um aporte nesse valor. Uma mesma rodada pode ser composta de vários cheques, caso haja mais de um investidor participando.

Churn: taxa de cancelamento ou perda de clientes. Alta taxa de *churn* indica que a empresa está tendo dificuldade em manter a base de clientes.

***Corporate venture capital* (CVC)**: iniciativas de investimentos em startups executadas por grandes companhias, com objetivo estratégico e/ou financeiro.

Deal: termo genérico que se refere a uma negociação ou oportunidade de investimento em uma startup.

Dealflow: fluxo de oportunidades de investimento que chegam até um investidor ou fundo.

Demoday: evento em que startups apresentam pitches a investidores, geralmente ao final de programas de aceleração.

Diluição: redução percentual da participação de um sócio quando novos investidores entram na empresa com aportes de capital.

Direito de preferência/*pro rata*: direito de um sócio de manter o percentual de participação investindo proporcionalmente em rodadas futuras.

Early adopter: usuário ou cliente que adota novas tecnologias ou produtos antes da maioria, ajudando a validar o modelo de negócio.

Early stage: estágio inicial de uma startup, geralmente com produto em desenvolvimento ou início de tração de mercado.

Equity: participação societária no capital da empresa, que pode ser negociada ou utilizada como forma de remuneração.

Exit: saída de um investidor do negócio, com realização do lucro, geralmente por venda de ações em IPO, aquisição ou M&A.

Fintech: classificação destinada a empresas que aplicam soluções de tecnologia ao setor financeiro.

Fundo de venture capital (VC): veículo de investimento que capta recursos de terceiros para aplicar em startups. Pode atuar em diferentes estágios: *early*, *growth* ou *late stage*.

Hedge: palavra muito utilizada no mundo dos investimentos, uma proteção a perdas potenciais, mediante, por exemplo, a alocação em ativos com comportamento inverso, de forma a compensar eventuais perdas em outros ativos diante de um movimento na cotação. Derivativos são, muitas vezes, utilizados para esse fim.

***Hub* de inovação**: são ecossistemas que reúnem startups, investidores, universidades, empresas e aceleradoras para fomentar inovação e novos negócios. Em investimentos, esses *hubs* funcionam como polos estratégicos para identificar oportunidades promissoras em tecnologia e empreendedorismo. São comuns em regiões como Vale do Silício, Israel e centros urbanos no Brasil.

Ibovespa: o Ibovespa é o *benchmark* (meta de desempenho) para a renda variável, pois ela representa os ganhos ou perdas de uma carteira teórica composta das ações mais negociadas da Bolsa.

Investimento-anjo e investidor-anjo: investimento-anjo é o investimento feito por investidores individuais em startups em estágio inicial ou em empreendedores em troca de uma participação na companhia, normalmente acompanhado por mentoria ou aconselhamento. Investidor-anjo é a maneira como chamamos a pessoa que faz esse investimento.

IPO: de Initial Public Offering, é a oferta pública inicial de ações de uma empresa na bolsa de valores, tornando-a uma companhia aberta.

Leads: contatos que demonstraram interesse em um produto ou serviço e podem se tornar clientes.

M&A: operações de fusões e aquisições de empresas. Estratégia comum de crescimento ou saída no ecossistema de startups.

Mercado endereçável: é uma medida do tamanho total da oportunidade de receita que uma startup poderia atingir se conquistasse 100% do mercado-alvo para o produto ou serviço que oferece.

MVP: Mínimo Produto Viável, na sigla em inglês. Versão simplificada de um produto, com as funcionalidades essenciais, usada para testar hipóteses com usuários reais.

Pitch: uma apresentação rápida por meio da qual empreendedores transmitem a potenciais investidores ou clientes a startup, a entrega de valor e a visão para o futuro da companhia.

Pitch *deck*: apresentação visual (normalmente em PowerPoint) usada por fundadores para comunicar a startup a investidores, incluindo problema, solução, modelo de negócio, time, mercado etc.

Pivot, pivotar, pivotagem: termos que significam uma mudança radical de direção. Uma companhia pode pivotar por enxergar uma nova oportunidade ou porque a estratégia anterior não estava funcionando.

Private equity: modalidade de investimento em empresas mais maduras do que startups, porém ainda de capital fechado, geralmente com foco em reestruturação ou crescimento antes de um IPO ou uma venda.

***Problem-solution fit* (PSF)**: estágio em que a startup comprova que está resolvendo um problema real de maneira relevante para o público-alvo.

***Product-market fit* (PMF)**: momento em que o produto atende plenamente as necessidades do mercado, o que é evidenciado por forte demanda e crescimento orgânico.

Red flags: são sinais de alerta que indicam possíveis problemas ou riscos em uma empresa, um ativo ou uma operação. Podem incluir inconsistências financeiras, governança fraca, promessas de retorno exageradas ou falta de transparência. Identificá-las precocemente ajuda a evitar perdas e fraudes.

SaaS: modelo de negócio em que o software é oferecido como serviço, geralmente por assinatura, via internet.

Skin in the game: "pele em risco", em inglês; termo popularizado por Nassim Taleb. No caso de startups, se refere à situação em que os fundadores ou investidores têm capital próprio envolvido no negócio, alinhando interesses e reduzindo riscos morais.

Unicórnio: startup avaliada em mais de 1 bilhão de dólares.

Unit economics: análise da rentabilidade por unidade vendida, cliente ou transação, útil para avaliar a viabilidade do negócio.

Valuation: termo usado no mundo corporativo e no mercado financeiro para descrever o processo de avaliar o valor de um negócio, focando o potencial de retorno financeiro e o risco associado.

Venture capital (VC): capital de risco investido em startups com alto potencial de crescimento, normalmente em troca de participação societária. Cf. tb. "fundo de venture capital (VC)".

Winner takes all* e *winner takes most: mercados que tendem à concentração natural, normalmente caracterizados por fortes efeitos de rede ou economias de escala, em que a vantagem inicial pode se transformar em uma posição de domínio quase permanente. No modelo *winner takes all*, um único competidor conquista praticamente 100% do mercado, eliminando quase completamente os concorrentes – como visto em plataformas tecnológicas como o Facebook nas redes sociais ou o Google em motores de busca, nas quais o líder obtém benefícios exponenciais de rede e economias de escala. Já no modelo *winner takes most*, existe uma distribuição mais fragmentada, em que o líder domina uma parcela significativa do mercado (por exemplo, 70-80%), mas permite a existência de concorrentes menores que conseguem sobreviver em nichos específicos ou com estratégias diferenciadas.

REFERÊNCIAS

1 CRISE do subprime: entenda como surgiu, por que aconteceu e quais lições deixou. **Warren Magazine**, 31 maio 2021. Disponível em: https://warren.com.br/magazine/crise-do-subprime. Acesso em: 17 abr. 2025.

2 WORLD BANK GROUP. **Relatório de Desenvolvimento Mundial 2022**: finanças a serviço de uma recuperação equitativa. Washington, DC: World Bank Group, 2022.

3 ROSS, M. Bancos centrais adotam ações coordenadas para conter crise. **Expert**, 16 mar. 2020. Disponível em: https://conteudos.xpi.com.br/economia/bancos-centrais-adotam-acoes-coordenadas-para-conter-crise-primeiros-entendimentos-e-impactos-sobre-o-brasil. Acesso em: 23 maio 2025.

4 BARBOSA, N. Política monetária pós-covid-19. **Fundação Getúlio Vargas – Blog do Ibre**, 23 mar. 2020. Disponível em: https://blogdoibre.fgv.br/posts/politica-monetaria-pos-covid-19. Acesso em: 23 maio 2025.

5 TALEB, N. **A lógica do cisne negro**. Rio de Janeiro: BestSeller, 2008.

6 TALEB, N. **Antifrágil**: coisas que se beneficiam com o caos. São Paulo: Objetiva, 2020.

7 PRINGLE, E. 'Black Swan' author Nassim Taleb, who correctly called the 2008 financial crisis, says the U.S. is in a 'death spiral' over government debt. **Fortune**, 31 jan. 2024. Disponível em: https://fortune.com/2024/01/31/nassim-nicholas-taleb-black-swan-author-national-debt-death-spiral. Acesso em: 15 abr. 2025.

8 PRINGLE, E. Jamie Dimon says Washington faces a global market 'rebellion' over record U.S. debt: 'It is a cliff... we're going 60 mph towards it'. **Fortune**, 29 jan. 2024. Disponível em: https://fortune.com/2024/01/29/jamie-dimon-government-debt-crisis-market-rebellion. Acesso em: 15 abr. 2025.

9 PRINGLE, E. Jamie Dimon believes U.S. debt is the 'most predictable crisis' in history—and experts say it could cost Americans their homes, spending power, and national security. **Fortune**, 11 fev. 2024. Disponível em: https://fortune.com/2024/02/11/american-national-debt-concerns-housing-market-portfolio-impact. Acesso em: 15 abr. 2025.

10 BASAK, S.; BLOOMBERG. The 'Black Swan' fund manager just said that debt is creating the 'greatest tinderbox-timebomb in financial history' and could have consequences similar to the Great Depression. **Fortune**, 30 jan. 2023. Disponível em: https://fortune.com/2023/01/30/black-swan-investment-manager-mark-spitznagel-debt-time-bomb-great-depression. Acesso em: 15 abr. 2025.

11 WHY your portfolio is less diversified than you might think. **The Economist**, 30 jan. 2025. https://www.economist.com/finance-and-economics/2025/01/30/why-your-portfolio-is-less-diversified-than-you-might-think. Acesso em: 15 abr. 2025.

12 ABDALA, V.; MOURA, B. de F. Fraudes contábeis nas Americanas superaram os R$ 25 bilhões. **Agência Brasil**, 6 jul. 2024. Disponível em: https://agenciabrasil.ebc.com.br/economia/noticia/2024-07/fraudes-contabeis-nas-americanas-superaram-os-r-25-bilhoes. Acesso em: 17 abr. 2025.

13 GOZZI, R. Sem segredo: Light (LIGT3) anuncia calote a debenturistas. **Seu Dinheiro**, 15 abr. 2023. Disponível em: https://www.seudinheiro.com/2023/bolsa-dolar/light-ligt3-debentures-calote-rsgp. Acesso em: 17 abr. 2025.

14 SILVA JUNIOR, A. Vibra (VBBR3): calote chega a investidores de título de renda fixa; entenda o impasse. **E-Investidor**, 21 maio 2024. Disponível em: https://einvestidor.estadao.com.br/negocios/vibra-vbbr3-nao-paga-aluguel-investidores-ficam-prejuizo. Acesso em: 17 abr. 2025.

15 VIRI, N. "Vai faltar ação": número de empresas listadas – e investíveis – encolhe na B3. **Exame**, 6 jan. 2025. Disponível em: https://exame.com/insight/vai-faltar-acao-numero-de-empresas-listadas-e-investiveis-encolhe-na-b3/p. Acesso em: 17 abr. 2025.

16 B3. Consultas. Disponível em: https://www.b3.com.br/pt_br/market-data-e-indices/servicos-de-dados/market-data/consultas/. Acesso em: 12 jul. 2025.

17 STEBBINS, S. Most valuable american companies every year since 1990. **24/7 Wall St.**, 5 jun. 2024. Disponível em: https://247wallst.com/companies-and-brands/2024/06/05/most-valuable-american-companies-every-year-since-1990. Acesso em: 12 jul. 2025.

18 CHINA'S TECH INDUSTRY is catching up with silicon valley. **The Economist**, 16 fev. 2018. Disponível em: https://www.economist.com/graphic-detail/2018/02/16/chinas-tech-industry-is-catching-up-with-silicon-valley. Acesso em: 24 maio 2025.

19 DUKACH, D. Understanding the rise of tech in China. **Harvard Business Review**, set. 2022. Disponível em: https://hbr.org/2022/09/understanding-the-rise-of-tech-in-china. Acesso em: 24 maio 2025.

20 BEIJING lauches a megaplan on life, medidal sciences. **News.cn**, 24 abr. 2025. Disponível em: https://english.news.cn/20250424/0bb942022f7247baa49fb92db81967c1/c.html. Acesso em: 24 maio 2025.

21 SHICONG, D. Beijing to invest up to USD 13.7 Billion in AI and Robotics startups, oficial says. **YiCai Global**, 28 fev. 2025. Disponível em: https://www.yicaiglobal.com/news/beijing-to-invest-up-to-usd137-billion-in-ai-and-robotics-startups-official-says. Acesso em: 24 maio 2025.

22 NVIDIA plans Shanghai research centre in new commitment to China. **Financial Times**, 16 maio 2025. Disponível em: https://www.ft.com/content/c886a4c0-da75-4ea7-8230-6ffd18815fa4. Acesso em: 25 maio 2025.

23 CHINA'S TECH HUB Shenzen unveils plan to boost embodied intelligent robotics. **Shine**, 2 mar. 2025. Disponível em: https://www.shine.cn/biz/industry/2503034297. Acesso em: 25 maio 2025.

24 CHEN, W. Hangzhou emerges as new tech hub with 'Little Dragons' like DeepSeek, Unitree. **My News**, 10 fev. 2025. Disponível em:. https://www.scmp.com/tech/tech-trends/article/3297898/hangzhou-emerges-new-tech-hub-little-dragons-deepseek-unitree. Acesso em: 24 maio 2025.

25 JIANG, E. Chinese tech giants are dominating North America in VC funding for the first time, and could be the start of an unprecedented boom. **Business Insider**, 9 set. 2018. Disponível em: https://www.businessinsider.com/china-venture-capital-funding-tech-giants-surpass-north-america-2018-8. Acesso em: 24 maio 2025.

26 MADHOK, D. Setor de tecnologia na Índia pode valer US$ 1 trilhão e gerar empregos. **CNN Brasil**, 10 set. 2021. Disponível em: http://cnnbrasil.com.br/tecnologia/setor-de-tecnologia-na-india-pode-valer-us-1-trilhao-e-gerar-empregos. Acesso em: 16 maio 2025.

27 GESCHWINDT, S. Europe makes unicorns at almost twice the rate of the US, report finds. **The Next Web**, 6 jul. 2023. Disponível em: https://thenextweb.com/news/europe-tech-unicorns-report. Acesso em: 24 maio 2025.

28 DATAREPORTAL. **Digital 2024**: Brazil. Disponível em: https://datareportal.com/reports/digital-2024-brazil. Acesso em: 15 abr. 2025.

29 AZEVEDO, M. A. Venture funding in Brazil soars to $1.3B in 2018. **Crunchbase News**, 20 maio 2019. Disponível em: https://news.crunchbase.com/venture/venture-funding-in-brazil-soars-to-1-3b-in-2018. Acesso em: 24 maio 2025.

30 PACETE, L. Startups brasileiras receberam US$ 9,4 bi de investimentos em 2021. **Forbes Brasil**, 13 jan. 2022. Disponível em: https://forbes.com.br/forbes-tech/2022/01/startups-brasileiras-receberam-us-94-bi-de-investimentos-em-2021. Acesso em: 24 maio 2025.

31 SONG, Z.; AZEVEDO, G. Softbank espera retomada para investimentos de tecnologia na América Latina. **Valor Econômico**, 20 fev. 2024. Disponível em: https://valor.globo.com/financas/noticia/2024/02/28/softbank-espera-retomada-para-investimentos-em-tecnologia-na-america-latina.ghtml. Acesso em: 24 maio 2025.

32 AZEVEDO, M. Tiger Global leads $25M investment into Swap. Which aims to be 'LatAm's fintech factory'. **TechCrunch**, 28 out. 2021. Disponível em: https://techcrunch.com/2021/10/28/tiger-global-leads-25m-investment-into-swap-which-aims-to-be-latams-fintech-factory. Acesso em: 24 maio 2025.

33 MANZONI JUNIOR, R. A gigante chinesa Tencent embarca na brasileira Omie. **Neofeed**, 26 out. 2021. Disponível em: https://neofeed.com.br/blog/home/a-gigante-chinesa-tencent-embarca-na-brasileira-omie. Acesso em: 24 maio 2025.

34 ALVES, A. Softbank, Riverwood lead $93 mln investment in Brazilian HR startup Gupy. **Reuters**, 31 jan. 2022. Disponível em: https://www.reuters.com/markets/funds/softbank-riverwood-lead-93-mln-investment-brazilian-hr-startup-gupy-2022-01-31. Acesso em: 24 maio 2025.

35 BRACCIA, A. Our investment in Nuvemshop: empowering entrepreneurship in Latin America. **Accel Partners**, 21 mar. 2021. Disponível em: https://www.accel.com/noteworthies/our-investment-in-nuvemshop-empowering-entrepreneurship-across-latin-america#all. Acesso em: 24 maio 2025.

36 RIBBIT Capital leads Series C round for Conta Azul. **LAVCA**, 23 fev. 2025. Disponível em: https://www.lavca.org/ribbit-capital-leads-series-c-round-for-contaazul. Acesso em: 24 maio 2025.

37 JORGENSON, E. **The almanack of naval ravikant**: a guide to wealth and happiness. [*S. l.*]: Magrathea Publishing, 2020. p. 38.

38 *Idem*. p. 53.

39 *Idem*. p. 53.

40 *Idem*. p. 54.

41 ARBEX, P. Steve Ballmer: o executivo que ficou mais rico que o dono. **Brazil Journal**, 4 jul. 2024. Disponível em: https://braziljournal.com/steve-ballmer-o-executivo-que-ficou-mais-rico-que-o-dono. Acesso em: 19 jun. 2025.

42 NIETZEL, M. College endowments saw 11.2% return in FY 2024; Harvard still no.1. **Forbes**, 12 fev. 2025. Disponível em: https://www.forbes.com/sites/michaeltnietzel/2025/02/12/college-endowments-saw-112-returns-in-fy-24-harvard-still-1. Acesso em: 25 maio 2025.

43 GORELICK, E. Yale's endowment, explained. **Yale Daily News**, 24 out. 2022. Disponível em: https://yaledailynews.com/blog/2022/10/24/yales-endowment-explained. Acesso em: 15 abr. 2025.

44 FAMA, E. F. Efficient capital markets: a review of theory and empirical work. **The Journal of Finance**, v. 25, n. 2, p. 383-417, 1970.

45 MARKOWITZ, H. M. **Portfolio selection**: efficient diversification of investments. New Haven: Yale University Press, 1959.

46 STEWART, E. What happened to Blockbuster? How streaming killed the video store. **Enterprise Management 360**, 13 dez. 2024. Disponível em: https://em360tech.com/tech-articles/what-happened-blockbuster-how-streaming-killed-video-store. Acesso em: 25 maio 2025.

47 MAZZA, R. The fall of banks? How fintechs are reshaping finance. **Fintech Weekly**, 23 fev. 2025. Disponível em: https://www.fintechweekly.com/magazine/articles/fintechs-vs-traditional-banking-who-will-survive. Acesso em: 25 maio 2025.

48 KEMPINSKY, P. Fast payments in action: emerging lessons from Brazil and India. **Atlantic Council**, 21 abr. 2025. Disponível em: https://www.atlanticcouncil.org/blogs/econographics/fast-payments-in-action-emerging-lessons-from-brazil-and-india. Acesso em: 25 maio 2025.

49 HUSSAIN, M.; GALLINA, C.; CARVALHO, P.; KASTER, L. Brazilian banks to withstand competitive pressures from digital payments. **Fitch Ratings**, 4 dez. 2024. Disponível em: https://www.fitchratings.com/research/non-bank-financial-institutions/brazilian-banks-to-withstand-competitive-pressures-from-digital-payments-04-12-2024. Acesso em: 25 maio 2025.

50 FROST, E. Why brazilian banking could be seriouly impacted by fintech. **International Banker**, 18 jul. 2017. Disponível em: https://internationalbanker.com/banking/brazilian-banking-seriously-impacted-fintech. Acesso em: 25 maio 2025.

51 FRIEDMAN, T. L. **Obrigado pelo atraso**: um guia otimista para sobreviver em um mundo cada vez mais veloz. São Paulo: Objetiva, 2017.

52 THOMAS Friedman at Aspen. [*S. l.*: *s. n.*], 2017. 1 vídeo (11min22s). Publicado pelo canal WorkingNation. Disponível em: https://www.youtube.com/watch?v=GyZHySRUKXI. Acesso em: 15 abr. 2025.

53 BLANK, S.; DORF, B. **The Startup Owner's Manual**: The Step-By-Step Guide for Building a Great Company [*S. l.*]: K&S Ranch, 2012. p. 9.

54 CAMPOS, A. Nubank ultrapasaa Itaú em número de clientes e se torna terceiro maior do Brasil. **Valor Econômico**, 23 jan. 2025. Disponível em: https://valor.globo.com/financas/noticia/2025/01/23/nubank-ultrapassa-itau-em-numero-de-clientes-e-se-torna-terceiro-maior-do-brasil.ghtml. Acesso em: 25 maio 2025.

55 MEDEIROS, H. 99Taxis chega a 10 milhões de corridas e 50% da frota. **Terra**, 31 out. 2014. Disponível em: https://www.terra.com.br/byte/99taxis-chega-a-10-milhoes-de-corridas-e-50-da-frota%2C2be9f4a4ba66941oVgnVCM20000099cceboaRCRD.html. Acesso em: 25 maio 2025.

56 ENCK, G. Startup precisa dar lucro? **Startups.com.br**, 29 dez. 2022. Disponível em: https://startups.com.br/artigo/startup-precisa-dar-lucro. Acesso em: 15 abr. 2025.

57 AMAZON Investor Relations: 2000 Letter to Shareholders. 31 mar. 2000. Disponível em: https://s2.q4cdn.com/299287126/files/doc_financials/proxy/proxy_00.pdf. Acesso em: 15 abr. 2025.

58 AMAZON.com. Quarterly results. Investor Relations – Amazon.com, Inc., Seattle, [s.d.]. Disponível em: https://ir.aboutamazon.com/quarterly-results/default.aspx. Acesso em: 13 jul. 2025.

59 ENTREPRENEURIAL Thought Leaders: Mark Zuckerberg, from Harvard to the Facebook. Entrevistador: Jim Breyer. Entrevistado: Mark Zuckerberg. Stanford, 26 out. 2005. Podcast. Disponível em: https://open.spotify.com/episode/4H6V3r30. Acesso em: 14 jul. 2025.

60 ENCK, G. Startup precisa dar lucro? **Startups.com.br**, 29 dez. 2022. Disponível em: https://startups.com.br/artigo/startup-precisa-dar-lucro. Acesso em: 15 abr. 2025.

61 INSTITUTO BRASILEIRO DE GEOGRAFIA E ESTATÍSTICA (IBGE). **Censo 2022.** Disponível em: https://www.ibge.gov.br/cidades-e-estados/sp.html. Acesso em: 26 maio 2025.

62 THIEL, P.; MASTERS, B. **Zero to One:** Notes on Startups, or How to Build the Future. Danvers: Crown Currency, 2014. p. 84.

63 GUILHERME Benchimol e Romero Rodrigues: eles tinham tudo para dar errado, mas chegaram ao topo. [*S. l.*: *s. n.*], 2022. 1 vídeo (1h31min). Publicado pelo canal XP. Disponível em: https://www.youtube.com/watch?v=LAmZhJxbDs4. Acesso em: 15 abr. 2025.

64 THIEL, P.; MASTERS, B. *op. cit.* p. 156.

65 MAHER, J. **Startup Wealth**: How the Best Angel Investors Make Money in Startups. Seattle: Booktrope, 2015. p. 68.

66 *Idem*. p. 10.

67 *Idem*. p. 57.

68 *Idem*. p. 76.

69 THIEL, P.; MASTERS, B. *op. cit.* p. 50.

70 GRAHAM, P. Do Things that Don't Scale. **Paul Graham**, 2013. Disponível em: https://www.paulgraham.com/ds.html. Acesso em: 15 abr. 2025.

71 THIEL, P.; MASTERS, B. *op. cit.* p. 53.

72 KSEBATI, F. **How to Invest in Startups**: A Beginner's Guide to Angel Investing. 2022. *E-book*.

73 MAHER, J. *op. cit.* p. 78.

74 *Idem*. p. 54.

75 BUFFETT, M.; CLARK, D. **O Tao de Warren Buffett**: a sabedoria e os princípios de investimento do gênio das finanças. Rio de Janeiro: Sextante, 2020. p. 31.

76 AZOLAY, P.; JONES, B.; KIM, J. D.; MIRANDA, J. The average age of a successful startup founder is 45. **Harvard Business Review**, 11 jul. 2018. Disponível em: https://hbr.org/2018/07/research-the-average-age-of-a-successful-startup-founder-is-45. Acesso em: 15 abr. 2025.

77 MAHER, J. *op. cit.* p. 59.

78 *Idem.* p. 65.

79 CALACANIS, J. **Angel**: How to Invest in Technology Startups–Timeless Advice from an Angel Investor Who Turned $100,000 Into $100,000,000 Nova York: Harper Business, 2017. p. 151.

80 DAMODARAN, A. **The Dark Side of Valuation**: Valuing Young, Distressed, and Complex Businesses. Upper Saddle River: FT Press, 2008. p. 11-12.

81 BRASIL. **Lei complementar nº 182, de 1º de junho de 2021**. Institui o marco legal das startups e do empreendedorismo inovador; e altera a Lei nº 6.404, de 15 de dezembro de 1976, e a Lei Complementar nº 123, de 14 de dezembro de 2006. Brasília, DF: Presidência da República, 2021. Disponível em: https://www.planalto.gov.br/ccivil_03/leis/lcp/lcp182.htm. Acesso em: 26 maio 2025.

82 CALACANIS, J. *op. cit.* p. 213.

83 CALACANIS, J. *op. cit.* p. 253.

APROFUNDE SEUS CONHECIMENTOS

Escaneie o QR Code a seguir para baixar o glossário em PDF e ter acesso exclusivo a uma série de materiais complementares, modelos e documentos que vão impulsionar a sua trajetória como investidor.

guilhermeenck.com.br

Este livro foi impresso
pela gráfica Grafilar em papel
lux cream 70 g/m²
em setembro de 2025.